JN089080

千年企業の経営

経営時空モデルによる超老舗とグローバル企業の比較

ITO Kiyohiko
伊藤清彦 著

東京 白桃書房 神田

はしがき

この研究で取り上げているのは、少なくとも500年以上の連続した営業の歴史を持つ老舗の経営についてである。タイトルは『千年企業の経営』だが、500年を四捨五入すると1000年になり、また英語では1000年をミレニアム（millennium）と呼ぶので、ミレニアム・カンパニーという題名を使いたいと考えた。共同研究者はインド経営大学院ウダイパー校のElizabeth L. Rose教授とアメリカのマサチューセッツ工科大学とカナダのヨーク大学のD. Eleanor Westney名誉教授であるが、日本語版は伊藤清彦の単著にすることとなった。

一般に老舗とは100年以上続く歴史を持つ店を指すが、500年以上続く商売は統計学的には異常値と言える。アメリカのファミリービジネス協会の調査では、今現在新たに設立されたファミリー会社は、その約3分の1しか次の世代に残らないという（Brown, 1989）。単純な直線外挿法で計算すると、1世代を約30年として、500年後は約15代目になるので500年生き残るビジネスの確率は1／3の14乗で、約500万社に1社しかないことになる。言うまでもなくこれは、高額の宝くじを当てるような非常に低い確率である。宝くじを当てる「秘訣」は、とにかくそれを買うこと以外にないのと同様に、新しく起業された会社が千年企業になる「秘訣」は、それほど簡単に見つかるものではない。

松岡（２０１９）が詳しくレビューしているように、これまで老舗の研究は、さまざまな方法や視点から無数に行われてきたが、本研究では「異常値」に値するような古いものに光を当てて超長寿の会社組織の事例だけを研究対象とすることで、今までに明らかにされてこなかった、新しい理論的モデルを作り出そうとした。その結果、事実これまでのビジネススクールで説かれる経営理論とはかなり違った、時には真逆のように見えながらも理にかなっている経営姿勢が鮮明に現れてきた。

第Ⅰ部は、我々が実際に現地取材をした千年企業の事例とインタビューから構成している。序章では千年企業の経営の研究のプロセスを紹介する。第1章から第7章は、伝えられる創立年代の古い順に、法師、田中伊雅、通圓、本家尾張屋、大徳寺一久、飛良泉本舗、川端道喜の7社の経営をそれぞれの当主とのインタビューを基にして要約した。

第Ⅱ部は、第Ⅰ部で取り上げた事例を基にした研究考察からなっている。第8章は、第1章から第7章までのケーススタディを基にして、業種、戦略、経営資源、組織形態という観点から、千年企業の長寿とそれらの経営システムの要因を考察した。第9章では千年企業のユニークな戦略が、どのように生まれ形成されてきたのかを歴史的な面から考慮し、第10章では、その経営プロセスを生物学で使われる「恒常性」というコンセプトを軸に解析を試みた。第11章は上記の千年企業を含めて経営難に瀕した超老舗企業の例を挙げてみた。次の第12章では、現代の多角化したグローバルな巨大多国籍企業と千年企業とを比較対比し、それを基にして第13章では、新たな「時空モデル」を使い、「ミレニアム・パラドクス」を説明する。第14章はこの研究の要約である。

我々が直接面会して取材した7社の千年企業のオーナー経営者や当主の方々には突然の依頼にもかかわらず、貴重なお時間を割いていただいたことに心より感謝申し上げたい。取材インタビューは最短でも約2時間かかり、長い時には2日がかりに及んだ。その内容は大変多様で濃密で含蓄に富み、興味深いという形容をはるかに超えるお話を伺うことができた。我々は3人合わせると、海外のビジネススクールで100年以上教鞭をとっているが、千年企業の経営者の方々のお話はまったく異質で、多くの情報、知識、知恵を授かることができた。
この研究の現地直接インタビュー調査で、次の方々にご協力を仰いだ。心からお礼を申し上げたい。

法師　法師善五郎様
田中伊雅仏具店　田中雅一様
通圓　通円亮太郎様
　　　通円祐介様
本家尾張屋　稲岡伝左衛門様
大徳寺一久　津田義明様
飛良泉本舗　斎藤雅人様

川端道喜
川端知嘉子様
京都府商工部産業活力支援総括室染色・工芸室
西村嘉高様
西崎友美子様

2021年7月

著者

目次

第Ⅰ部

インタビュー

序章

千年企業の経営：その研究プロセス

今世紀の初めに京都市東山区清水の音羽山清水寺が、木曽で山を買い、植林を始めたというニュースがあった。「清水の舞台から飛び降りる」という諺で知られる本堂（国宝）の次回の改修工事のために必要なヒノキやケヤキの材木を確保するためである。ちなみにその清水の舞台の土台部分の次期改修工事は、今から約400年後の西暦2400年頃に予定されているといわれる。耐久性に優れる樹齢数百年の良質な材木が、4世紀後の25世紀に十分確保できるかどうかはわからない。そこで清水寺は自前の材木を確保するために、「木を買わず、山を買え」という法隆寺宮大工の口伝（西岡・小原、1978）に従ったのであろうか、21世紀の初頭から山に植林をし始めたが、これから数百年間その山の手入れが必要となる。水やりをし、草刈りをし、施肥をし、害虫を駆除し、枝打ちを行い、防火に努めながら毎日毎晩400年間丹念に木の世話を続けなければならない。

この話を超長期戦略計画の実践例として欧米のビジネススクールですると、学生や聴衆は一様に信じがたいと反応し、さっそくその場でグーグル検索をし始める。しかし実際に清水寺の本堂の土台の柱の改修は前回は1633

年に行われており、これは古都京都の人々にとっては、特別に驚くほどのことではないと言う。つまり清水寺のような1200年以上の歴史を持つ組織では、数百年単位の経営計画を実際に実践するのは、それほど珍しいことではないのである。さりながら植林して山を守るのと同様に、暖簾を幾世代にもわたって守り続けるのも丹精のいる、気の遠くなるような壮大な仕事であるのも事実である。

日本には老舗が多い（横澤、2012：吉田、2019等）。壊滅的なダメージを与える大きな戦争や内戦が他国に比べて比較的少なかったことも1つの要因だが、過去には日本国内のビジネスを取り巻く環境は、まったくの無風状態とはいえなかった。事実、世界最古のケーススタディとも言われる『日本永代蔵』（1688）の中で井原西鶴は、17世紀にすでに商いを長く続けることは至難の業であると書き記している。比較的平和な時代が長く続いた日本国内でも、300年以上前にその経営環境は厳しいと指摘されているのである。現存するすべての千年企業は、古くは後にたびたび登場する応仁の乱（1467~1477年）に始まった戦国時代、江戸時代の幾度にもわたる飢饉や経済難、明治維新、大恐慌（1929~1933年）、第2次世界大戦等の混乱期を経験している。さらに戦後のオイルショックやバブル経済崩壊後の不況に続いて、近年では21世紀のリーマンショックや、2020年から始まったコロナウイルス禍といった、それぞれが「未曽有の危機」と言われた逆境を何度もくぐり抜けてきた、したたかな強さを持っている。

研究の目的

それでは、現存する千年企業はどのようにして厳しい生存競争に打ち勝ち、繁栄し続けてきたのだろうか。どのような商品やサービスを扱っているのか。共通した長寿の秘訣や要因はあるのか。もし共通点があるとすれば、それらは他の非営利組織や日本のみならず、他国の会社にも一般化して当てはめることが可能だろうかというさまざまな問いが生まれてくる。

この研究の主旨は、千年企業はどこで、どのようなビジネスをし、どのような経営を行い、どのようにして長寿を保ち続け、また今後どのような戦略を持っているのかを探ることにより、もし各社に共通点があればそれを基にして、一般化できる経営の理論的枠組みを作るという、多様な目的がある。また現在ビジネススクールで教えられている、現代の経営理論との比較をすることによって、これから1000年先の未来へと繋がる会社経営の指針を見出すことである。

最初は、この研究の土台となる企業戦略の枠組みとして、現在世界中のビジネススクールで一般に使われている経営資源理論（Resource Based View や Core Competence）や組織学の（外部）資源依存理論（Resource Dependency）等を用いて、千年企業の経営を分析しようという予定で臨んだ。しかし研究を進めるうちに、これらの既存の理論的枠組みでは超長寿の理由が十分に説明しきれず、事例観察結果が事前に予期しなかった方向に出てきたため、新たな包括的な枠組みを作る次第となった。その結果、第13章で経営の「時空モデル」と呼ぶものを提唱し、いくつかの疑問を解くための糸口とした。

研究手法とデータ収集

まず研究を始めるにあたり、データの収集の参考とすべく京都府による「京の老舗」表彰受賞企業の一覧を、京都府商工部染織・工芸室のご厚意により受け取った。この表彰は、京都府が認定した100年以上続く府内の老舗に毎年贈られるものであるが、その約2000社近いリストから500年以上続いている老舗だけに対象を絞り、それを手始めに、他の日本各地で500年以上営業を続けているとされる会社を本、新聞、雑誌、インターネット等の各種メディアを通じてリストアップした。

次に手紙で研究の主旨とインタビューの概要および質問事項を、最低500年以上続く老舗の当主に送り、その後電話とEメールで面会の予約を取った。最初に手紙をお送りした半数以上の老舗のオーナーの方々には、我々の直接インタビューの依頼に快く応じていただくことができた。世界最古の会社といわれる金剛組の営業企画部長の阪本氏には、手紙と電話連絡の後、Eメールで調査にご協力をいただくことになった。

インタビュー調査は、我々（伊藤清彦、Elizabeth L. Rose、D. Eleanor Westney）のうち、少なくとも2人が共同で直接千年企業の本店・本社で行い、事前にお送りした質問を中心に多岐にわたる事柄を尋ねた。その結果、膨大な情報を得ることができた。インタビューはすべて日本語で行い、音声録音を日本語で記録した後、英語の翻訳も残した。事前質問事項は次のようなものである。

(1) 御社にとって、長寿と成功の要因は何でしょうか。最も重要なものを挙げてください。それらをどのように蓄積されたのでしょうか。

(2) もし現在、経営資源の一部が不足しているとお感じでしたら、どのようなものをお望みでしょうか。

(3) 御社の長い歴史は、どのような形で今の経営に貢献していますか。マイナスに働くことはありますか。

(4) 御社の経営理念についてお聞かせください。

(5) 具体的な、短期および長期の業績目標をお持ちでしょうか。
(6) 長い歴史の中で、最大の困難はどのようなものでしたか。それをどのようにして乗り越えられたのでしょうか。
(7) 時代とともに環境も変わります。どのように環境の変化に対応されてこられたのでしょうか。
(8) 貴殿にとって長い御社の歴史は、何を意味するものでしょうか。
(9) 将来の御社の夢をお聞かせください。

研究分析プロジェクトの初期には、経営資源理論等の従来からの経営分析モデルを使って、千年企業の実態を企業戦略を中心に分析しようと試みた。調査インタビューでの質問は、ある特定の理論に沿うように誘導するものではなく、右記のように長寿の要因をオーナー経営者や、当代当主の主観を述べていただくような半構造化面接にした。しかしインタビューを重ね、他の資料も集め、我々の観察を加えて考察を進めるうちに、従来の経営理論の枠組みでは、説明のつきにくい事柄が多く出てきた。千年企業では、現代の経営理論では推奨しないような経営方法を、一貫して多く用いている場合が次第に顕著に現れてきた。

そこで次に現在経営学で使われている理論との対比をリストアップし始めると、根本的に従来の理論とは真逆の事例も明らかに出てきた。そのため我々は、分析のプロセスの軌道修正を行い、既存のモデルを出発点として新たな分類をすることで、千年企業の事例に適合するような新しいモデルを模索することとなった。この時空モデルは、千年企業の長寿の成功要因を説明するために従来のモデルを拡張したものであり、超長寿の達成を目指す企業のマネジャーにとっては新たな指針となるかもしれないが、すべての企業に当てはまるような規範的理論枠組みではない。

つまり1000年続く会社に見られる共通した特徴は、今まで用いられてきた経営理論やモデルとは異なっているが、ここで提議するモデルは1000年続くための「必要条件」を示唆し、「十分条件」を満たすものではない。これは、「これらの条件を満たせば、どの会社も、いつでもどこでも必ず利益が上がる」という魔法のように必ず成功を約束する、経営理論や経営予測モデルが存在しないのと同様に、「時空モデルが指し示す、このような現存する千年企業に共通する性質を満たせば、その会社は必ず1000年続く」とは決して断言できない。さらに我々はあらゆるタイプの会社の経営者やマネジャーに対して、1000年先まで続く経営を目指せという目標を押し付けるものではない。

この研究は、規範的（normative）理論の主張ではなく、事実現象に基づいた記述的（descriptive あるいは positive）研究であることを明記しておきたい。したがって、我々が見出した幾多のユニークな現象は、他の会社の経営方針が間違いであると指摘するものではなく、千年企業は従来のモデルとは違った経営をしているようであるということに繋がっている。もし現在の経営者や、起業家や、比較的歴史の浅い老舗が、1000年続く経営を目指すのなら、この研究から見出された時空モデル等が、有効な指標になるかもしれない。

第1章から第7章までは、各千年企業の簡単な紹介と、我々が行ったインタビューの要約である。

第1章

法師《ほうし》（伝養老2年・718年創業）

所在地　石川県小松市粟津温泉
業　種　温泉旅館
規　模　65室　従業員約50人
主な顧客　一般客

石川県小松市粟津温泉の法師は、世界最古のホテル・旅館として、1996年から2004年までギネスブックに掲載されていた（現在ギネスブックによると、最古のホテルは伝慶雲2年・705年創業の山梨県西山温泉の慶雲館とされている）。200年以上の歴史を持つ会社だけが会員資格を持つフランスのエノキアンという長寿会社の会でも、法師は最古の歴史を持つメンバーとして認証されている。

法師の創業は泰澄《たいちょう》大師（682〜767年）が白山で修行中、夢に現れた白山大権現のお告げにより、温泉を粟津に掘り、それを弟子の雅亮《がりょう》法師に湯治宿として湯守を任せた時に始まるといわれる。雅亮法師の養子が「善五郎」

を名乗り、今は46代の法師善五郎氏が当主である。現在の法師は65の客室、徳川将軍家の茶道師範だった小堀遠州（1579～1647年）のデザインと伝えられる日本庭園、洋風と和風のバー、カラオケ、九谷焼絵付け室、マッサージルーム、イベントホール、宴会場、会議室、能舞台、売店等を備えている。またWi-Fiも旅館内で使用できる。近年は宿泊なしで温泉に入るだけのオプションもあるが、季節に合わせた地元の料理を客室や旅館内のレストランで提供し、最高レベルのサービスを維持するため、宿泊料金もそれに見合った設定となっていた。

1300年の長い歴史は、数々のいにしえの伝説に強く繋がる。法師には、泰澄大師による開湯以来、多くの天皇や宮家が訪れ、また歌舞伎の「勧進帳」で知られる安宅の関が近いため、源義経と弁慶の一行が、今から800年以上前の平安時代末期に都から逃れ、北陸路を奥州に向かった際に立ち寄ったという言い伝えもある。500年以上前には、浄土真宗の蓮如上人（1415～1499年）が逃避行中に「うちで飯炊きをしておったということですね」（法師善五郎氏談）。

大浴場で湯につかると、伝説・伝承に彩られた悠久の歴史を直接文字通り体験できる。これは1300年の時を超えて、歴史上の実在・伝説上の人物たちとまったく同じ空間、同じ場所、同じ湯を共有しているという感覚に訴えるもので、同じ粟津温泉内でも他の競合旅館やホテルでは決して真似のできない、客の感性に自己の魅力を直接訴える、独特のサービス・接客方法である。

つまり法師では、訪問客へのサービスや食事といった商品から、それを提供する空間、さらに法師という旅館自体がすべて伝説と歴史を堪能できる博物館となり、客がその伝統と伝説によって差別化された商品やサービスを実体験できることが、法師の経営に大きな戦略的優位性を与えている。

近隣の粟津温泉の競合他社が、まったく同じ源泉を使う温泉旅館サービスを提供しているにもかかわらず、この

1300年の歴史と伝統と伝説という、「実体験できる見えざる資産」があるために、法師は高価格の商品の設定が可能となった。客が、この歴史と伝統と伝説という付加価値を認めないのなら、わざわざ宿泊に来なくてもよい。古来から法師は、その付加価値を評価し、支払い能力のある客層をターゲットとしてきた。それは薄利多売ではなく、地元の競合他社では決して真似のできない典型的なマーケットセグメンテーション（市場分離）に基づいた、高額商品戦略である。

この商品やサービス・会社そのものの博物館化は、非常に効果的に価格に弾力性をもたらす。もし客が、特定の博物館に行きたければ入場料を払ってでも行くし、その博物館の展示物に興味がなければ、そこへ行くことはないのと同様である。法師の場合、その博物館化というユニークな付加価値部分が、宿泊、入浴、料理等の基本料金体系に弾力性を与え、他社には真似ができないという部分が、さらに通常の温泉旅館の宿泊サービス料金に上乗せできることとなる。ただし、歴史、伝統、伝説を理解し、相当額の料金を払うことのできるマーケットは限られているので、超大型の設備を備えた大規模経営は難しいといえる。

以下は、第46代法師善五郎氏とのインタビューを編集し要約したものである。

［インタビュー］

長寿のカギ

最も重要な経営資源は何かといっても、みんな複合してますから、法師の長寿と成功は1つのものだけで成り立つということはまずない。いろんなものが複合して、漁に使う網の目のように重なり合っているということですね。重要なポイントは、まず最初に温泉が１３００年間止まることなく湧き続けてきたことが挙げられます。それが網の中心になり、他の成功要因がそこに繋がっています。他の要因が１つ消えると網がバラバラになるので、それを補修したりしながらここまで来ました。そして泰澄《たいちょう》大師が山岳修行されたというように、昔は仏教の修行の基本は心身の健康とリラックス、いわゆる「癒し」を目標にしたように、温泉は基本は体と心の癒し役ですね。温泉は、この場所から動かないですが、この地は春夏秋冬の四季に恵まれ、特別にひどい自然災害がなかったこと、すべてが程よい季節であるということですね。日本三名山の１つ、白山からの自然の恵みの水が流れ、お湯が湧き続き、日本列島の中ほどに位置するため、暑すぎない、寒すぎない、一番良い所かも知れませんね。それは自然の恵み。

自然災害が少ないのに合わせて、自分達も大きな火事等の人為的災害を起こさなかった。これはとくに保険のない古い時代には重要なことでした。その他、時の権力者による政治的弾圧や反発を受けないようにして、すべてに喜ばれる、特別個人の我とか、欲望を出さないからまた守られてきたことになるわけですよね。戦国時代には、どんな仏教・寺院でも、為政者に焼き討ちされたりするわけですから、それがなかったということ。その後、加賀藩の前田家にも贔屓にされて、これはいつも仏や神に護られていることを感謝し、またいつも見られているという気持ちを持っていたからで、さらに、その気持ちがいつもあるから不正をせず、ただ儲かればいいという態度は、許されない、それがやっぱり神や仏に護られておるということですね。

（成功要因の）蓄積や継続の仕方は、駅伝競走に譬えられます。経営の知識は、次から次へとバトンタッチをしながら次の世代へと伝わっていく中で、その時の法師の走者には必ず一緒に並走する人々があります。私から次に移っていく間、その場で切れているんじゃなくて、途中に並走する人が、それはお客さんであったり、たくさんの従業員、あるいは家族一緒に祖父母から孫といった親戚であったりして、1つ1つ区切られず、エンドレスな駅伝のように蓄積されていくわけですよね。旅館業では、生活のすべての面を提供するので、飲食業のように門外不出の一子相伝ではなく、いろいろな人から多くのことをそのようにして学ばなきゃいかんわけ。

経営資源

これは人間、欲は切りがないですが、人が足らないというか、いろんな優秀な人材が欲しいですけれども、なかなかそれは一遍には授からない。お金についてもそうですね。昔は自然の前に質素に何もしなくても、与えられたものでやっていく。そのうちに自然とやっていけたけれども、こういう大きな世の中の流れで、周りからいろんなものを使わなきゃならないようになり、大きな費用を掛ける必要が出てきました。掛けたものはなかなか回収が難しくなってくる。そうすると当然余裕がなく、人材とお金は欲しいが、しかし一番欲しいものは、ムリ、ムダ、ムラを楽しめるような時間的というか、金銭的な余裕が一番欲しいですね。

これは一般に考えられるような、無駄遣いという意味ではなくて、経営に余裕やゆとりがあれば、それによって文化をさらに高めることができる、そこなんですね。ですから本来は要するに旅館の部屋も、すべて窓ガラスで遮蔽して、冷暖房をすれば文化的かもしらんけれども、やはり本来は自然の中に生きておるものは、その空調装置を備えた上で、たとえば真夏でも簾をかけ、窓を開けて自然の風を入れ、水の音も聞こえるのが風情というものであり、こういうことがやっぱり長生き、家が守られた喜びの1つで、それが実感できるわけでしょ。

この「ムリ、ムラ、ムダを楽しむ」ということを節約のため、やめなきゃならんようになったら、もう本当に経営は楽しくないということでしょう。ムリ、ムラ、ムダは、「三無」と言われ、それらを全部排除しようというのが基本でしょ。でも私はムリ、ムラ、ムダを楽しむのが経営やと思ってる。一番の理想は、お金を余裕のある所から助成してもらい、そしてそれを文化を守るためにムリ、ムラ、ムダに使えれば、こんな幸せなことはないですよね。

歴史はプラスか？

それはやっぱりプラスでしょうね。法師の歴史を守ることは大変と思うんですけれども、それよりも毎日、その日その日をどうやって頑張っていくかということが基本になっているということを感じています。たとえば客は、「あそこは古いから、あるいはあのエノキアンのメンバーに入っとるから、あるいはギネスに載っとるから、どんな所か行ってやろうか」と（思うので）、その分だけでもいくらかのプラスになっていますね。当然そうでしょ。

マイナスがあるかというと、それは人に「あそこはただ老舗の伝統に胡坐をかいているだけじゃないか」というような厳しいことを言われたら、これはマイナスかもしれないが、現実にはそれは逆に励みになるかもしれないですよね。やはりマイナスは、法師を守って次へ伝えなければいかんなという圧迫感や責任感でしょ。ところがそういうものに対して一生懸命になりすぎてもですね、結果的に次の代がうまく受け継いでくれることになるかというと、この保証もないわけです。そうすると、その時その時に、周りの力を借りて一緒にバトンタッチをしていく中で、並走してくれる人間に頼らざるを得んとこもありますよね。

経営理念

法師では、並走の中で経営理念を教えられていくわけです。一番最初の理念は、人々の心と体を癒やすという、泰澄大師による仏教からの教えを、初代の祖先の雅亮法師から代々お湯を守りながら伝えてきたわけです。経営理念としては、「徳を積む」、人様のために何ができるかということになるんでしょう。その中で、隠れてやる陰徳を積めれば一人前ですね。「陰徳を積む」ということです。それがなかなか難しいんですよ。

業績目標

具体的な業績目標を立てることは確かにありました。旅館ていうのは装置産業ですから、昔はまったく借入金なしでしたが建物を改築しなければならないし、また、政府の行政指導により、建物の建て替えを求められたので、借入金が必要となりました。それで相続税対策のことなどもあり、売上金額の設定をし、それを順次クリアしていくということもしました。しかし世の中が変わり、4泊5日の海外旅行が多くなり、国内旅行は4泊5日せず節約して、日本旅館の8割くらいが苦戦しています。そういう中で、やはり短期の目標と長期の目標を切り替えていきながらどっちの焦点で計算していくか、物差しを持ってくるかで、（経営の方向が）全然違うわけですね。

うちなんか、いいもん全部壊したでしょ。それがやっぱり後悔ですよ。だけどまた200〜400年前にはなかったけれど、行政指導を受け入れざるを得ないところもあり、建物の一部を鉄筋にしたりしましたが、古いものも、残せるものはできるだけ残しました。しかし、1300年という延長線で考えると、行政の指導とか、流れによって流されてきたのは拙いことをしたなと思います。

過去の困難とその対応

江戸時代に大きなピンチがあり、一度大きな負債を抱えたことがあります。しかし近隣の小松の人がいわゆる後見人になり、3年間で立ち直ったと記録にあります。また太平洋戦争時はお客さんが来ませんから、そのままやめてしまった旅館もあったくらいですよ。

環境の変化に対応する方法は、基本的には陰徳を積むということで、どのお客さんにも温泉によって、幸せになってもらいたい、体を癒やしてもらいたい、心を癒やしてもらいたいという基本があったからかと思います。（客足が途絶えた戦争時にも）傷痍軍人の療養に努めました。

家訓

家訓と言うものはありませんが、法師には2つのことが言い伝えられてきました。1つは女性側の母から娘や、嫁に伝えられる「火を大切に」。つまり火事を起こすなということで、とくに保険のなかった昔は、火事起きたら駄目なんですよね。また男には、「水（自ず）から学べ」。これについては、それぞれの勝手。

水は丸い容器に入ると丸くなる。四角いところに入れば四角になるという素直さがあるでしょう。それが姿を変えて霧になっていったり、氷になったりするという変幻自在さがあります。そういういろんな性質があるのをどうやってどこまで理解し、どこまで捉えるかはそれぞれの世代の人の英知、考え方で法師を経営しなさいということなんです。もう1つの解釈は、自分自身で人に頼らずに、「自ら学べ」。　息子達がまたこれを聞いたとき、もっと大きく捉えるかも知れんし、それはそれぞれの当主の勝手です。

長い歴史の意味と将来の夢

世界でもあまり例のない長い歴史には自分でも驚いたり、びっくりしたりするんですけれども、人類の長い歴史の中において、ましてや地球の長い歴史においては１３００年は、ほんの一瞬です。それでも考えてみれば、周りを見れば、その中では長い歴史を感じますが、新しいものと比べて、「それでは法師は何が違うのか」と考えることもあります。

将来の夢については、夢から覚めたら真理がわかり、その真理とは何かといえば、「諸行無常」、つまりすべてのものはコンスタントではないという仏教の根本真理のように、いつまでも変わらないと思っているということがわかれば、夢を見ているということになるわけですよ。で、いつまでも変わらないと思っているのが夢を見ることになるわけです。いつまでも変わらずに、１３００年続いてきたから、次に２０００年、３０００年と続いて欲しいな、これが夢ですね。

ライバル会社

法師は、分家や暖簾分けといった方法を取らないで来たんですね。先ほど言った、ムリ、ムラ、ムダの中でしてきたものの中で、他の温泉地で他の旅館を買収したり、立ち直りに応援しました。

長期にわたるライバル関係にある旅館については、法師では他社に対してライバル、競争という見方はあまりしませんね。これは以前、増上寺の椎尾弁匡《しいおべんきょう》という浄土宗の僧侶が言われた、「共生《きょうせい／ともいき》」という理論ですね。近年のような競争論理を中心とする経済環境では、「勝ち組」や「負け組」という結果だけを重視することになりがちですが、そういうもんじゃなくて、みんな共生で、地球全体の経済が発展できるのではないかということですよね。

インタビュー後の変遷

法師での調査インタビューは2006年に行った。その後法師は2017年に経営難に瀕したため、その所有会社を分割し、温泉旅館事業を新会社に譲渡したが、その後も営業を続けている。この経緯については第11章で再び分析する。

第2章

田《た》中《なか》伊《い》雅《が》（伝仁和年間・885年頃創業）

所在地　京都市下京区万寿寺西洞院東入ル
業　種　仏具製造販売
規　模　従業員13人
主な顧客　密教寺院

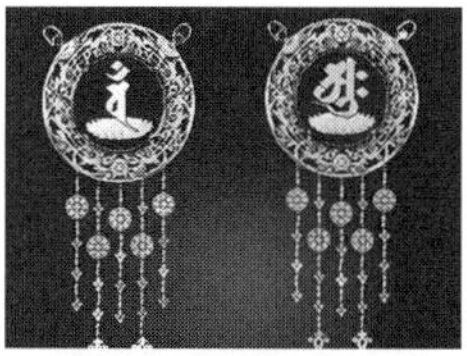

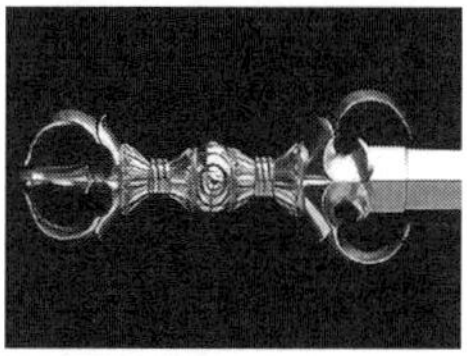

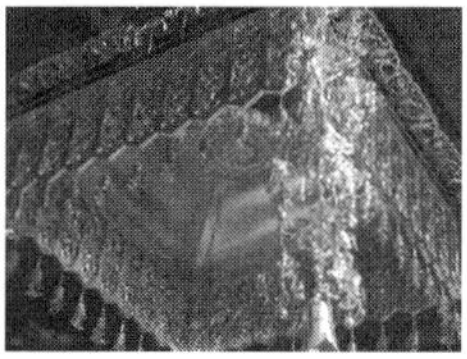

田中伊雅は、ファミリービジネスとして他に経営権を譲らずに継続している会社としては、世界で最も古いメーカーの1つである。当主の田中雅一氏は70代目と伝えられ、京都で真言宗や、天台宗といった、主に密教寺院用仏具を1100年以上製造販売している。ここで扱う仏具はごくわずかな少量生産のため、単価はどれも非常に高価だが、密教で使われる儀式用仏具のスペックが、田中伊雅の独占知的資産であるためである。ゆえに特殊な付加価値の高い仏具製品を制作できるような競争会社は存在しにくい。主な顧客取引先は、東寺（教王護国寺）、高野山金剛峯寺、仁和寺、醍醐寺、大覚寺といった、真言宗18本山や神護寺、天台宗の寺院である。

1980年代後半のバブル経済の時代と異なり、富裕な檀家が減少し、また、一般檀家の寺院への布施の額が大幅に下落し、一般仏具や、寺院用仏具の需要が少なくなってきているのが仏具業界の現状である。

寺院用仏具は一般仏具と異なり、マーケット全体の大きさがやや限られた、特殊な「ニッチ」と呼ばれる業界だが、田中伊雅はその中でもさらに特殊な灌頂や、加持修法（護摩祈禱）に使われる密教儀式用仏具を扱っている。たとえば密教寺院で行われる伝法灌頂のような儀式自体が、一般の人々の目に触れることがほとんどないように、その儀式で使われる仏具も一般にはほとんど知られていない特殊な物が多い。

真言宗や天台宗の寺院とは、そういった仏具を1000年以上もの間、現在のコンセプトで言えば「系列取引」になる販売関係を持ち続けてきたのである。田中伊雅自体も、供給側ではなく、発注元として伝統工芸技術を持つ京都の他の職人と取引関係があるので、「系列」の川上から川下まで超長期にわたる組織や個人が繋がって、安定した独自の経済生態系（ecology）を形成している。

100年以上に及ぶ供給関係があれば、当然強い信頼関係が成立し、経済取引費用の削減となり、まったく新しく商取引を結ぶ場合に比べて発生する余分なコストが掛からない分だけでも、それぞれの側の利益を押し上げ、さらなる超長期取引を続ける原動力となる。

田中伊雅は、非常に古い歴史のある伝統的な商品を扱っているが、毎年発行される200ページ以上に及ぶ従来タイプのカタログに合わせて、新しい寺院の設計や、仏壇・仏像等のデザインや配置には、コンピューターグラフィックを駆使して、顧客の要望に対応している。そこには1000年以上続く伝統工芸と、現代の最新技術とが優雅にマッチしているのが印象的である。

以下は、当主の田中雅一氏とのインタビューを編集し要約したものである。

【インタビュー】

長寿のカギ

（田中伊雅が長く続いてきたのは）結局この産業のみですよね、他を過去にはしなかったことだと思うんです。ですから寺院用仏具という特殊な世界ですし、お客さんはお寺、寺院ですので、まあそちらの宗教が続く限り、マーケットはありますねえ。だからそれが1つの残った原因ではないでしょうか。で、まあ失礼ながら京都の仏具屋さんでも、うちみたいに古くなくても、そんな簡単に潰れる商売じゃないですよね、普通にされとったら。大概何か他のことをされると、危なくするんですよね。

成功要因の蓄積

古い記録というのは、ほとんどなくなっておりますけれども、結局私達一代一代が、いかに勉強するかですよねえ。寺院用仏具で、真言宗でも18の本山があって、それぞれが違い、思想とか、また使われる仏具とか、いろんな行事の内容もわずかずつ違うんですよ。それで灌頂《かんじょう》という儀式があるんですが、その儀式は御坊様が大阿様という位になるんですけど、そのような儀式の仏具というと、まあほとんど真っ暗な中でやるんで、皆さんご存じないですね。で、うちは昔からこの仕事をさしてもらって、18本山のほとんどに出入りしてます。ということは、今のノウハウじゃなしに、どこ行っても教えを請うことができるんです。それと本山というのは、高野山もありますし、東寺、醍醐寺、仁和寺、大覚寺と本山があって、あるんですけれども、かといって（儀式の内容が途切れてわからなくなったりしても）横のお寺同士が、そこへ聞きに行くわけにはいかない（著者注：これが文字通りの「秘密の教え＝密教」の密教たる由縁である）。しかし私達は、その情報を持っているというわけです。そのいわゆる情報が大切ですね。（その情報は、他の会社が参入しても）どっか1つは取れても、2つは取れませんよね。

経営資源

経営資源として、もちろんいろんな新しい分野の勉強をしなきゃなりませんけど、古い時代の物、何百年前の仏具というのは、その時代の最高技術の粋が集まった物なんですけど、今の現代の最高技術は何かという時に、たとえば発光ダイオードとか、セラミックとか、そういう物が最高技術ですか、一番新しい技術になりますよね。で、私達のこの現状の仏具というのはかなり古い手法のものですね。ですから新しい物をいかに取り入れるかということは、大変な悩みではあるんです。新しい物を取り入れれば、元来の古い伝統的な仏具でなくなるんです。

伝統的な工芸品的な要素があるというとなると、木地はもちろん普通の木ですし、漆は手塗ですし、そういういろんな規則があります。でもセラミックを使うとか、発光ダイオードを使うことになってくると仏具ではなくなる、伝統工芸品ではなくなりますよね。その辺が、どうするか、もちろんこれから先、そういうことも踏まえて勉強しなきゃならないですね。だから一番新しい技術を取り入れるのが、本当は一番いいんでしょうけどね、取り入れにくいんです。

（多岐にわたる技術が）いっぱい要りますね、あと知識と。結局私共でも、一番劣るのは布（きれ）に対する知識が劣ってる、生地。やはり昔の物は、作る生地から全部洗練されてますから。はい、だから古いもんは、良いんですよね。

歴史はプラスか？

歴史はマイナスになることもありますが、プラスの方が多いです。真言宗という宗派の寺院さんが、日本で1万2000ヵ寺あります。（そのうち）今そこそこ年齢のいった方は、ほとんど100パーセントうちの名前を知っておられると思います。はい、一応ネームバリューは通っています。て、いうことは裏返したら、悪い評判もすぐ通るということです。そうですね、悪い評判も早いです。

経営理念

現在は私だけの考えですけれども、非常に高価な物ばっかり扱ってまして、今寺院の既存の商品でない商品もお納めすることが多いんです。結局社員に言うのは、「ナンバーワンの企業」、ていうのは、金額もそうですしすべてが「ナンバーワン」。それであれば企業って残れるんです。だけど「ナンバーツー」になったら企業って残る値打ちがなくなってしまうんで、何にかかわらず「ナンバーワン」でいるべきということですね。

業績目標

年間の業績目標は設けてますけども、まあ達成はかなり難しいです。そんなに大きい金額のものではないですが、ですからオリジナリティーを含めて金額を挙げてるわけなんですけども、やはり年間新築されるお寺というのが、ま10ヵ寺はないんです。そうすると目標は高いんですけれども、なかなか届くのがね。

以前はお寺様に対して、檀家から個人寄付が結構あり、で、仏具を買ってこられるというのがあったんですけど、このバブルがはじけた後にそういうようなのが、一斉になくなりました。まして宗教に対するお考えも変わりましたから、お寺にそういうものを寄付しようという方は非常に少なくなって、個別の寄付行為がなくなったもので、金堂とか建てる時にしか、大きなお金が集まらなくなってきたと、それが原因ですね。

最大の困難とその対応

やはり火事ですね。五条通にありましたが、私が生まれる前ですけど火事に遭いました。先ほども話したマイナスの面もあるというのは、この火事の時に、お寺から預かってる修理物を焼いてしまっとるんです。その時にはお寺さんに迷惑かけてますね。たぶん返せない物ばっかり預かってたと思うんですよ。その代その代で、いろんなことがあったと思うんですけども、続けてこられたのは、やっぱり一業種に絞ったことですかねえ。

それともう1つ、京都の地の利もありますね。私共の業界、この商品というのはいろんな業種の集まりが完成品となるわけです、漆を塗る、木地を作る、飾り、彫金をするとかいうふうに分かれます。それは、仏具より歴史は浅いんですけど、お茶の文化がそういう（道具を作る）職人さんを育ててるわけですね。結局京都は友禅染とか、そういうもんがあるから、その絵を描く人がようけ集まり、いろんな人が文化的な人が集まる地であったから残れたという、これはうちが他所の都市へ行って、職人さんを今集めよと思ったら、その都市にそういう職人さんいませんでしょ。京都にいるんですよね、日本の他のとこでは無理です。土地の利というわけですね。

長い歴史の意味と将来の夢

歴史があるから信用があるということですね。もちろん信用をなくしたら、会社もなくなると思うんですけども、どんな仕事にも非常に気を遣います。（仏具の使用年数は非常に長く）うちのお客様に20年、30年前くらいに渡した商品は新品と同じ、で50年くらい経ったら「もうしょうがない、直してもらわな」という話になってもおかしくない。20年、30年やったら、まだ買ったとこ。

ただ老舗とは、１００年が日本では老舗なんですが、京都では１００年で老舗とは言わないんですよ。あえて「老舗」と声高に言うのは、老舗じゃないというような。

将来は、まあそんなに大きい夢も目標も現状ではないんです。ただ寺院用仏具というものを京都を産地として、要するに技術を守るという。工場で作るのも、何十人という手が要るわけですが、それも専門職の手が要るですね。今現状どうしても輸入製品、中国製品が多いんで、仕事がなくなってきてます。ということは職人が辞めていくんです、後継者もないし。やはりそこんとこで、京都の私共だけじゃ無理なんです。他の仏具屋さんも京製品をちゃんと作っていかなくちゃならない。なかなかその辺の危機感が（この業界にあまり感じられない）。うちだけじゃ守れませんからねえ。まあうちだけで守れるような仕事があればいいですけどそういうのがございません。

将来は、結局仏教というものが、これからどうなるかによるんですよ。仏教がなくなるんですと、うちの店がなくなるんで。ですから仏教がちゃんと守っていけるのかどうかというのがやっぱり大きな問題です。私共の仕事というのは、一般的な小物仏具というのもあるんですけども、儀式用の特殊なもんでそれこそ場合によっては20年とか50年に1回しか使わないような物とかあるんですよ。そういうものを守っていかなけりゃなりませんよね。それ作る技術がないと、物を作る技術というものは、職人さんがいるということですね。だからそこんとこで需要があるかどうかですねえ。

この作る物においても、やっぱし各工程に腕がいい悪いがあります。木地を作って、漆を塗って、飾り金物、その3つを作るとしても、ベースの商品に対して、漆塗りの職人さんのレベル、飾り金物のレベルが合わなきゃ意味ないんですよ。1つだけ突出しとってもあかんですし、悪くてもレベルが落ちちゃう。ですから同じレベルの職人さんが働くためには、やっぱ職人さんてようけいるんです、人が。

私らも、もの見て判断するのは、やっぱり総合的なもので、古い物でもすべて完成度で見ます。ですから、なんぼ古い物でも漆が悪ければダメ、木地が悪ければダメ、飾り金物彫金が悪ければレベルが悪いというふうに見えるわけですよ。それは良い商品ではないわけです。その基準があるんで、やはり良い商品というのはすべてがマッチしたレベルじゃないといけないんです。

ライバル会社

（競争相手やライバル会社は）もちろん毎日、その年その年でありますよ。ですけど相手が変わるだけです。地域によって変わりますし、関東の仕事でしたら関東、東京の仏具屋さんとか、関西でしたら関西の仏具店さんとか。過去に関西圏である仏具屋さんがそこそこの高い商品能力で、うちにまあ匹敵するような値で扱っておられたんです。でその会社が潰れてしまい、そこなくなったら、後、関西にまともな商品を売る仏具屋がなくなると、うちと安もん店が相見積もりをするわけでしょ。いわゆる競争で見積りする時には、商品ニーズが上がるんですけれども、極度に離れてしまいますと、もう見積りにならないんです。（ライバルがなくなることも）大変な問題です。

これからも本業を守ることが大事なので、学生の頃からこれやってるんですけど、やはり長い長い経験がものをいうことは間違いないんです。やっぱり知識をいかに持ってるかということと、師となるような方と知り合いになることが大切なんで、各本山で教えを請うて、知識を集めています。そうですね、（知識を）持たなきゃ意味がないですね。創造性も大事ですね。まあですからオリジナルな、特化した仏具も作っています。

第3章

通圓《つうえん》（伝平治2年・1160年創業）

所在地　宇治市宇治東内1番地
業　種　日本茶販売
規　模　家族経営＋パート
主な顧客　一般客

通圓は、京都府宇治市の宇治川のほとりで、日本茶の販売をしている。茶は栄西禅師《えいさいぜんじ》（1141〜1215年）によって宋から伝えられ、栂尾山《とがのおさん》高山寺《こうざんじ》の明恵上人《みょうえしょうにん》（1173〜1232年）が栽培を始めたとされるが、宇治の地で古くから生産されるようになった。宇治には他に徳川将軍家の茶師であった、上林春松本店《かんばやししゅんしょうほんてん》等の古い茶屋が存在する。

日本の古都奈良と京都の約40キロの距離は奈良街道で結ばれ、昔は徒歩や馬で約8時間の道のりであったと言われる。早朝、京都あるいは奈良を出発すると、ほぼ中間点に位置する宇治橋に到着した頃に昼となり、そのたもとにある通圓で一服できるという、茶店として空間的にも時間的にも理想的な位置を占めている。往時から2大都市間の往来は盛んで、客足が途絶えることはなかっただろうと思われる。

日本で最古の橋の1つと言われる宇治橋は、現在は鉄筋コンクリート造りだが、以前は木造だったので、常に補修管理と30年ごとの建て替えが必要であった。通円家は、その宇治橋の橋守として代々この地に居を構え、その立地条件の良さを活かして茶店を営んでいる。現在の店舗家屋は、1672年に建てられたと伝わる。

茶は農家が栽培し、茶摘みをした後、製茶という工程を経て完成する農産物であるため、昔は大量生産が難しい高級嗜好品であり、高価格のため、一部の人々にしか飲まれることがなかった。高価だった茶の値段が下がり、一般に普及し始めたのは江戸時代以降のため、通圓が奈良街道の茶屋名所として商売が成り立つようになったのは、江戸時代以後とされる。

古くは狂言の演目の1つ「通圓」の題材にもなり、新しい物では、吉川英治の『宮本武蔵』に登場する「お通さん」もここで働いていたという設定になっているほど通圓の知名度は高い。法師と同様に、歴史という目には見えないが、他所では体験することのできない「場」や「空間」の存在が店内で感じられる。現店舗内の木の切り株で作られた椅子に腰かけ、当主父子にお茶の接待を受けると、この同じ場所で過去幾多の歴史上の著名、無名の人々がこのように現当主の先祖と相対し、茶を楽しんだのだろうかという想像が自然と湧き、タイムスリップをしているような独特の雰囲気が醸し出され、不思議な気になる。古い建物と調度品がうまくマッチし、店内の舞台演出効果は抜群である。

以下は、通圓23代通円亮太郎氏と24代祐介氏とのインタビューを編集し要約したものである。

[インタビュー]

長寿のカギ

お茶という、日本人の生活と切っても切れないものを扱っております。日本人はお米を食べますけれども、ご飯を食べてる限りはお茶を、日本の緑茶を飲むと思うんです。それで日本の緑茶のルーツが宇治なんですね。中国からお茶は伝わってきましたけれども、最初に京都の鳥獣戯画ていう国宝の絵がある高山寺という所にお茶の苗木を植えたのですけれども、うまく育たなくって宇治へ持ってきたんです。そしたら非常にうまく育ちましたので、800年の日本の緑茶の歴史がありますけれども、そのお茶の発祥の地である宇治で商売をさせていただいて、しかも宇治橋というのは日本で最古の橋なんですね。その橋のたもとで商いをしてきましたので、今まで続いてきたと思うんです。

それとお茶というのは農産物です。それたくさん作ろうと思いましても、なかなか作れないので、「細々と」お茶の商いをしてきたので今まで続いてきたという要素もあると思います。京都というのは、「いけず」とかね、よそ者を受け入れないとか、そういうなんがあってですね、誰にも恨まれない、誰にも悪いことをしてないから、誰からも危害を受けない、ま、そういうような商売のやり方をしてきたので今まで続いてきたと思うんです。

皆さんにお茶を施して差し上げて喜んでいただける商売をしてきたので、今まで皆さんに喜んでいただいたおかげで続いてきたと思います。いろんな古い書物にも載っており、名所図絵、狂言等の伝統芸能にも登場しますので、普通はお寺とか神社は、そういった書物にも載ると思うんですけれども、普通の商売をしているお店で、うちのように載っているのはなかなか珍しいと思うんです。そういったことで今までずーっと代々続いてきたと思うんです。

お茶屋という商売が成り立つようになったのは江戸時代になってからです。もともとは橋守という守護役が主な役目やったわけですね。それと京都と奈良の間はこの宇治橋しかなかったわけですね。奈良は京都よりも古くから栄えた町ですし、京都もそれに次いだ町でしたので、たくさんの人の往来があったわけです。日本で一番古い橋なんですけども、その橋を守ったり、いろんな偉い人が、VIPが通られますんで。昔の旅というのは歩いての旅でしたので、京都と奈良の間は40キロくらいありますので、どちらかを朝発ちますと、ここがお昼頃になるわけですね。そんで休憩所となって、ここで茶店がありまして、こういう床几《しょうぎ》、そこへ座ってお茶を飲んでいかれたと、そういうことで今までずーっとですね、そういう商いをしていたので続いてきた。

江戸時代になって、昔はお茶はお抹茶で飲みました。昔は手で挽かねばなりませんので、少ししか採れなかって、お茶は非常に高い高価な飲みもんであったんですね。ですから商売として成り立つようになったのは江戸時代からなんです。そういったことで日本全国に広まっていったんです。まあ一番の秘訣っちゅうのは、何度か潰れかけたことがありますけれども、それでもやっぱりあまり手広く商売をしていなかったんで続いてきたと思います。まずは農産物ですんでね、工業生産のようにたくさん大量生産できませんので、それで続いてきたと思います。

欲しい経営資源

（欲しい経営資源は）やっぱり人ですね。こういう家族形態で商売を続けていくのでしたら、ずーっと続けられると思うんですけれども、日本の社会の情勢がだいぶ変わってきまして、すべて店舗なんかでも大型、それからチェーン店ていう形で、1軒だけていう店が少なくなってきてます。どうしても人間ていうのは、より大きな、より高い所に高さを競ったり、広さを競ったりします。もっとグローバルな商売をしようと思いますと、どうしても優秀な専従の社員が要るわけですよ。まあ会社組織ですけれども、零細企業で細々とやってきたので続いてきたと思うんですけれども、これからの展開である程度大きくなっていこうと申しますと、やっぱり人材が一番大事ですねえ。結局私も店でもっとやりたいんですけど、商売以外のことが年をいくに従って、各種団体の役を持ったりで増えてきてます。そういったことで店に集中して仕事ができませんので。

歴史はプラスか？

歴史はプラスです。最近は古いということで、マスコミやメディアの取材を受けます。それがビジネスに繋がる。明治維新の時もそうですけれども、戦後間もない頃にもっと近代化、近代化で古い物があまり大切にされないという風潮があったわけなんですけれども、最近は古い物も、京都なんかでも町並みを保存したりですね、他所の人が見て、まあ日本の浮世絵なんかもそうですけれども、有名になったようにですね、日本の古いものとか文化とかが再認識されてきてますように思います。

長い歴史は、やっぱり誰にも負けない強さだと思うんです。歴史っていうのは一番の武器になります。信用にもなるんです。伝統信用ですね。「こんだけ続いてきたんやから」ということはまず信用ですね。相手に信用を与えると思うんです。

経営理念

いつも経営理念はないと言っているんです。社訓とか家訓とかよくありますけれども、まあ極端に言えば、「何となく、いつも同じように生活してたら、いつの間にか長くなってしまったな」っていうのが。朝起きますと、家で、今住まいは別ですけれども、お仏壇にお参りをして、手を合わせてお願いをするんじゃないんです。「今まで元気に暮らさしていただいてます、ありがとうございます」ということでお経を唱えまして、そして出てきましてここに神棚があるんですけれども、お水を上げて。で、こうしてそれの繰り返しで今まで来たと思うんです。「ああせい、こうせい」と言うと、やっぱりプレッシャーになりますんで、同じようにしてきたら、それでいつの間にか来たと思うんです。

1945年8月15日に戦争の強制疎開で、ここの店も橋ていう重要な拠点に建物があると具合が悪いということで潰される運命にあったわけですが、うまい具合に8月15日に日本が負けましたので、それでここの家が生き残ったんです。明治時代にもいろんな商売のやり方なんかでもゴロッと変わりましたのでねえ。ま、いろんな運命を経て、まあ何となく頑張ってきたので続いてきたんじゃないかと。

京都の古いお店ていうのは、そんなに派手にもされない、まあ「細々と」してきたから、家訓とかしきたりとかは、後からついてきたもんと思うんですけれどもね。やっぱり「親の背中を見てやれ」ていう日本の諺ありますけれどもね、同じことの繰り返しで今まで800年続いてきたから、また800年続くようなね、常にそのポイント、ポイントが折り返し点やと私も思ってるんです。

業績目標

業績目標はありました。昭和55年に（優良経営として）食料品小売店全国コンクールで、農林水産大臣賞を受賞してるんですね。私（23代当主）の継いだ時は、１９７０年ですけれども大阪万博がありまして、高度経済成長が始まりまして、（売上は）前年対比で年々30パーセントくらいのアップをしてたんです。

京都国体が昭和63年（１９８８年）にあったんですけれども、その後も順調に推移してましたが、今ちょっと低迷してます。お中元や、お歳暮とか、ものをプレゼントするというのが薄らいできたので、そういった需要が減りました。バブルが弾けたりして、今ここへ来てそれがもう、うんと下がり売上は低迷してます。それで喫茶も、お茶を使ったスイーツのメニューを増やしたりして、何とか売上が下がらないように努力をしてます。

過去の困難と環境変化への対応

生活のスタイルが変わり、まさに今が一番困難かもわかりませんねえ。お茶は８００年前に入ってきまして、最初は固まりの「団茶」を削りましてお湯に入れて飲んでいたわけですね。それから抹茶になり、そしてその後煎茶を急須に淹れて飲むという方法で３００年近く続いてきたわけなんですけれども、ペットボトルでお茶が飲まれるということは、最近まで考えられなかったわけです。お茶というのは、宵越しのお茶は飲まない、一日限りのものですよということだったんです。お茶はグリーンですけど、放っておきますと茶色になってしまいます。ペットボトルのお茶は、どちらかというと茶色い色で、我々商売人の感覚ではあのお茶は駄目だったんですけれども、消費者は、あのお茶の味が普通に思って飲んでおられます。そんなことでゴロッと変わってきてるんで、お茶の歴史いうのは本当に変わりました。今まさに危機に直面してるんやないかと思ったりもしてます。

そういうようなスタイルに合ったお茶の売り方もしなければならないし、そしてまた一方では、急須で淹れて飲む人がゼロにはなりませんから、そうした人は、究極のお茶を求めてニーズがありますんで、その人にも対応するような、2種類のやり方も必要になってくると思います。ですからマスメディアの取材も受けて、皆さんにこの通圓というものの存在もPRしていくのが必要だと思うんです。お茶には味の絶対スタンダードってないんですね。ですから通圓のスタイルが好きな人を確保するかというのも課題だと思います。

ライバルと協力会社

競争相手は、結局大きなお茶屋さんていうのは今までそんなに大きな商いになっていなかったですし、日本ではお茶屋さんというよりも、伊藤園とか福寿園さんとかとくに大きな飲料メーカーになってきました。そこにシェアをだんだん奪われていきますんで、そうしたお店が当然ライバルになってくると思うんです。ああいった飲料メーカーってのは年々売上を増やして売っておられます。私らの商売は、売上の維持するだけが大変ですね。だからそういった、ビッグな業者がライバルで、そういったものに潰され、押し流されてしまわないように何とか。

お茶自体は、お客さんの前に出されたら「これはどこのお茶」ということは、わからないですね。お菓子の場合は「どこのお菓子」ていうのは、デザインとか意匠がありますんでわかるんですけれども、お茶の場合、こう出したらどこのお茶かわからないですけど、それを如何にしてわかるようにお客さんに喜んでもらえるのが、通圓の役目やと思うんですね。

昔は茶壺とか茶櫃からお茶を取り出して、袋詰めをして売ってたんですけれども、だんだんとグローバルなスタンダードになってきて、表示とか厳しくなってきて、賞味期限、原料表示、保存方法、使用方法とか書かなければならんようになってきたので、お客さんの前で詰めるよりも、前もって詰める必要が出てきましたので、そういった系列の所で全部詰めていただいて、製品でうちの方に納入をしていただくように取引の形態が変わりました。

もう少し商いを小さくする場合ですと、お客さんが来られてから詰めるていうやり方にしてもいいんですけれども、この頃は店売りのウエイトが少なくなってきているんですね。地方発送で地方のお客さんが増えてきています。国内の発送は宅配便で、注文は一番多いのは電話です。最近ファックスが増えました。Eメールも増えてきていますが、非常に少ないロットで注文をされます。これからはメールが増えてくると思うんですけれども。無農薬抹茶や無農薬栽培のお茶も、外国の方なんかでも「オーガニックティーですよ」と言うたら、割とすっと受け入れていただいていて買われますね。

経営資源の蓄積

（24代目の通円祐介氏は）小さい頃からここにいますんで、大まかな仕事はここで見ながら覚えました。大学では経営学を学んで、その後は、京都府の茶業研究所で研修制度というのがありまして、農家、卸売り、小売り業の子供を、20歳から30歳くらいの継ごうとする人が受けることができるんです。そちらの方で栽培から製造、仕上げ加工とか、化学ですね、そういうことを1年間勉強しました。

農家だと農作業のことはわかってるけど、お茶を製造する過程とか、仕上げ加工と言って、お茶を葉っぱにした後に選別とかをするんです。僕の場合は売るだけなので、作ることも畑のこともわからなかったので、そちらで勉強しました。

将来の夢

まだまだ日本の歴史とか文化とかが、紹介されてない部分もありますので、世界中に広めていきたいなあと思います。外国の方に、日本の伝統的な我々の家業というのは、まだまだ知られていないと思うんです。ビッグな会社はよくご存じですけれども、我々マイナーなとこは知られてないんで、少しでもいろんなメディアとか通じてですね、紹介していただきたいですね。

私らが一番心配してるのは、日本の文化、生活スタイルを大切にしない若者が多くなってきてますわね。自分でお茶を淹れるていう機会というのは、少なくなってくるかもわかりませんけれども、お茶を飲むという、ペットボトルでもそうですけれども、緑茶を飲むという機会というのはこれからますます増えていくと思うんです。ですから農家の人がずっと作っていったらお茶は売れていくと思いますけどね。で、もっと我々は自分でお茶を淹れてお茶を飲んで欲しいなと思います。日本の文化を世界に紹介するのには、やっぱりお茶は一番の手段だと思いますんで、そういったことをもっと日本の若者も認識自覚して欲しいなと思います。

第4章

本家《ほんけ》尾張屋《おわりや》（伝寛正6年・１４６５年創業）

所在地　京都市中京区車屋町通二条下ル
業　種　蕎麦・蕎麦菓子
規　模　3店舗　従業員約80名
主な顧客　御所御用達、一般客

本家尾張屋は、室町時代に尾張国からの菓子屋として創業し、現在京都御所の南に本店を構え、蕎麦と和菓子を扱っている。中国から、うどんや蕎麦を禅の修行僧が持ち帰った後、菓子屋には粉と水を練って、伸ばして、切るという技術があったので、江戸時代前半頃に寺から菓子屋に、うどんや蕎麦の注文が入るようになった。その後、本家尾張屋は菓子が主体で、１７００年頃から始めた蕎麦切りは兼業であったものの、「御用蕎麦司」（現在の宮内庁御用達）として認められた。

19世紀初期の江戸時代は、うどんの原料である小麦粉の価格は蕎麦粉の約2倍で、常に高値であった。京、大阪はうどんの文化、江戸は蕎麦の文化と言われるが、当時大阪や京都の裕福な商人や公家は、高価なうどんを賄うことができたが、江戸では安い蕎麦が好まれたと言われる。江戸時代に蕎麦が広まったので、本家尾張屋もそれを中心に商売をするようになった。

一般に蕎麦の専門店の価格は、大衆食堂や立ち食い店のそれに比べて高めだが、本家尾張屋の現在のメニューの価格は、他の蕎麦専門店に比較して、それほど飛び抜けて高く設定されてはいない。

以下は、蕎麦という、比較的安価でシンプルな素材を中心とした商品を扱いながら、550年以上の歴史を持つ商いについて、故15代当主稲岡伝左衛門氏とのインタビューを編集し要約したものである。

[インタビュー]

長寿のカギ

今までこう長く続けてこられたのは、京都という都で仕事を始めたということがまず1つにありまして、それと後は企業としてじゃなくて、代々家業として継いでいったということ、またその時代時代に合った商品を作っていったと言いますか、同じ物ばっかり作っているんじゃなくって、その時代の変化の中で変わっていった。創業の時は元々うちは菓子屋だったわけですよ。

江戸時代に入って、今の蕎麦切りとうどんが最初なんですね。うどん、蕎麦というものが中国から禅の修行僧が持ち帰ってきまして、京都で始まって当初はお寺から菓子屋に注文が入って来るんです。その時代、江戸時代の前半というのは、今までうどん、蕎麦っていうのは作ったことないですから、いわゆる菓子屋が粉と水を練って、伸ばして、切るという技術を持っていました。だから兼業してたんですね。蕎麦の発祥は何処っていうのは、信州のお寺で初めて蕎麦を食べたとか、棟上げ式で出したとかいう歴史的な事実はあるんですけれども、これはあくまで文献としてであって、歴史の流れと、人の流れと、文化の流れから行くと、京都から発信しておるわけなんですよね。

欲しい経営資源

現在（２００６年）望む経営資源としては、跡取りの問題ですね。子供３人が独立して、うちの場合は男性のいわゆるこれまで男子の長子相続でずーっと続いておりますねぇ（著者注：２０１４年に本家尾張屋の16代当主は、15代稲岡伝左衛門氏の長女、稲岡亜利子氏となった）。

歴史はプラスか？

長い歴史というのは、都という土地で商売ができたから、こういう長いことできたんじゃないかなということが1つと、まあ自然の恵みというのもありますね。京都の場合、水が非常に良いですが、琵琶湖と匹敵するくらいの地下水があります。私らもこの水を利用した商売をする。だからそういう自然のバックグラウンドの中で非常に良い商品が、良いものが作っていけるんじゃないかなと。

長い歴史はプレッシャーより、私は逆にそれを参考にして、今の現在に活かしていく方向でやっていますね。まあ当然プレッシャーなんですけれども、それでもやはり我々お客さんがあっての商売ですから、京都の町には、味のわかっていただける上質の良いお客さんがおいでになるという、まあ京都の町には、ある意味、「流行があって流行がない」というんですかね。だから良い物は、作っていかなきゃいけないんですけども、良い物はやっぱり残っていきますし、一発当たりってないんですよ。その良い物を作って、またそれに新しく磨きをかけていくっていうんですかね。

経営理念

経営理念はある意味「薄利多売」なんですよ。昔は「高品質高価格」でよかったわけですけども、やはりお客さんの根底にある要望は「高品質低価格」なんですよね。これをやるためには、薄利多売でいかなきゃいけない。だから利益を少なくしてお客さんに還元していく。

たとえば今、手打ち蕎麦ってのが流行ってるんですが、うちは手打ちじゃなくて機械で打ってます。なぜかというと、やはり人件費が掛かってしまう。で、生産能力がもう限られてしまいますから、どうしてもコストが高くなるんです。お蕎麦という商品は、やはり庶民の食べ物ですから、高くしてはいけない、で、美味しくなければいけない。この2つの点から追求していって、薄利多売の中であまり手を拡げ、いろんな物を作るっていうんじゃなくって、「寡産主義」っていう言葉があるんですけども、私共は「寡産主義のもっさり屋」って経営方針です。

寡産と言うのは同じ物しか作らないという、蕎麦だけのもので。もう1つは「昔を知りて新しきを作る」、まあよくこれは我々の業界で使われる言葉なんですけれど、「伝統は革新の連続である」ということと同じで。やはり昔の物をベースにして、知っていて変えていかないといけないですね。全部ぶっ壊してしまうっていうのもいけませんし、まあ昔の物を良い所は残しながらやっていくという方針ですね。

業績目標と将来の計画

経営の目標としては、今の技術と味を保ちながら新しい商品とか、新しいメニューであったりとかを作っていく、それから逆に昔のメニューから、新しいものを掘り起こしてくるということも考えてますね。将来も、家業としてどういうふうに継いでいくか、受け渡していくか、ずっと続けていくかということですね。たとえば、借金とかを含めたいわゆる負債をできるだけ少なくしていくということが、まず1つですね。そのことによって次の代の者も継承していけるんじゃないかなと思います。

過去の困難と環境変化への対応

やっぱり時代時代で、良い時も悪い時もあります。たとえば京都の歴史の中でも、創業してすぐに応仁の乱がありましたから、ま、大戦火ですね。残ったのはお寺とかだけですよね。その後も都でありながら3回ほど大火になって、その都度店を変わったりしてるわけです。そういうものを経て江戸の末期から昭和の太平洋戦争までっていうのは、比較的安定してたわけなんですが、やはり敗戦というところでの節目はあったんじゃないかなというふうに思いますね。

江戸時代から蕎麦屋をやってましたが、明治から終戦前の昭和10何年くらいっていうのは、意外と蕎麦屋は細々とやりながら、菓子の方が強かったんです。「蕎麦餅」っていう菓子がございまして、まあこれが非常にヒット商品ていうか、昭和13年くらいの製造量ての今と大体同じくらいやったんですね。ここで蕎麦屋をやる傍ら、菓子の方を重点的にやってすごく利益を上げていたみたいです。あれがうちの主力商品でとくに明治・大正とかけては余裕が出てきたというか、その当初はお菓子の種類も少なかって、とくにケーキ、洋菓子もなかったですよね。で、明治の初めから紙に包んで衛生的にああいうふうに甘い物がそんなに種類がなかったです。だからもう右から左へ作ったら売れたわけですよね。その当初は明治から大正、昭和にかけては最先端のお菓子であったわけです。

先ほどの中のうちの歴史の中で、やはり仏教、禅の、宗教というものがすごく関連していますね。助けられてというか、共に歩いて来てるというか、これはもう創業の時からそういうことですね。今でも禅寺の修行僧が月に1回ずつ、妙心寺さんと相国寺さんの若い修行僧がうちにお参りに来ていただいて、点心、「てんじん」って言ってますけど昼食を提供するんです。

長い歴史の意味と将来の夢

(長い歴史には)何より「感謝と誇り」しかないでしょうねえ。夢はニューヨークに支店を置きたいんですよ、ミッドタウンで。それもアメリカナイズされない、もう京都と同じスタイルでお蕎麦屋さんがやりたいなという。(これからは)京都1000年の都と言われているんで、1000年続けられるような組織というか、その形態で、おいおい、次へ受け渡していきたいなというふうに考えております。

組織形態とライバル

（現在まで暖簾分けや、分社は）一切やっておりません。暖簾分けは他のお蕎麦屋さんがやっておられたので、うちはやめておこうかなというか、昔はわからなかったんで。ある意味、逆に言えば人を育てるのが下手だったのかもわからないですね。それと分社化するとか、組織拡大していくということは、やはりオーナーである私が全部をやっぱり見たいわけですよね。自分の手の中って言いますか、今、支店が2つありますが、支店と本店と3店でやる。これがまあ精一杯で、3店をできるだけ同じ味にして、同じようにサービスがしたいということ、お菓子のことも含めて。だからお菓子の工場は、ここにあります、郊外へ持っていったりしないで全部見れる、目利きができるっていうか、監督ができる中での商売でやっていきたいなということでやってますから、どうしても規模はある程度。

ライバルっていうのは、皆さんがライバルでありますからね、ある意味では。ライバルがあった方が、我々も何というか競い合えるというのか、適宜良い商品が出来てくると思うんですよ。蕎麦屋っていうのはやはり、各お店のオーナーのセンスって言うんですか、味に対するセンスであったり、こだわりに対するセンスであったり、いろんなセンスが出ていいと思うんです。だからうちの場合は蕎麦屋ですけど、関東の蕎麦屋とは、江戸の蕎麦屋とは違います。いわゆる京蕎麦屋っていう感覚。だからオリジナリティーを持った、京都のメニューで、京の味を出していく。その1つは水のおかげということもあるわけです。

京都には出汁の文化って言うのがありまして、これは蕎麦屋だけじゃなくって、料亭をはじめとした京料理の出汁の文化で、これをその味を京都の町民、町の人ってのは知ってるわけですよね。で、その人達に楽しんでいただけるように作っていく。だから蕎麦屋の本物はある意味で江戸なんですよ。でも京都風の、京都の京蕎麦としての味で勝負していくっていうか、将来的にはやっていきたいなということです。

京都の水は軟水ですね。この水を使うことによって、利尻昆布っていう昆布があるんですが、お出汁を取る。出汁がすごく出やすいんです。大体これがベースになって、後うちは鰹節は使っていません。サバとウルメとメジカという節なんですがそれを調合して使って、じっくりと出汁を取り炊き上げるという。ですから薄味の中にコクがあるというんですか、だから実際には味は濃いわけですね。でもそれは、辛く感じない濃さていうんですか、旨味を出していくという。

お昆布っていうのもこれも1つの京の食文化の日本の歴史の中の物でして、京都っていうのは昔は都であっても、港がないわけですよね。海もないわけですよ。そうすると、保存のできる物で調理をして食事をしなきゃいけない。そうしたら、北海道でとれたお昆布が、北前船ていうので日本海を経まして、若狭の方から鯖街道というのを通って運び、ニシンの干した物とか、ボウダラとかの、こういう日持ちのする海産物を運んできて、それを京都で調理をして味をつけて、美味しくして出すという技術がある。

需要があるから、なおかつ京都の場合は都ですから、お公家さんがいて、ま、そのう口の肥えたお客さんがいるわけですよ。その需要を、満たさなければいけないわけですね、我々商人としては。町がそういう物を、需要を満たしていくという、そこから京料理が生まれたり、出汁の文化が生まれたり、鰊蕎麦が出てきました。棒鱈と言うようなものも生まれ、新鮮なたとえばサバとかサンマが、その頃はないんですから、夏場は息の長い鱧がありますけどもね。そういうような形で、京料理っていうものが育まれて来たというか、まあ1つの歴史と文化があったから、そういう物もできてきた。

（食材の仕入れ先とは）ずっと戦前からの長い付き合いですね。信頼も置けるし、こっちが要望するものを持ってきてくれます。やはり自然の物ですから、いつも多少は変わっていくわけですよ。ですから「今年はこれくらい、脂が乗ってますよ」とか、そういう生きた情報も入れてくれますから、それによって、サバ、ウルメ、メジカの混合を変えてみたりとかね、そういうことを。

お菓子は全国有名百貨店で出しております。ただそんな売上は多くないです。本店と支店2つの蕎麦が、大体全体の売上の6割強で占めてますからね。海外へは、尾張屋としては輸出はしておりません。（蕎麦屋は）2極化すると思うんですよ。ファーストフード的な、駅の立ち食い蕎麦であったりとか、町の立ち食いうどん・蕎麦は、これはやはり、満腹度ですね。時間とスピードを満腹感だけでまあ需要はあると思うんですよ。ただし、今まであった、いわゆる「町の蕎麦屋さん」、とくにうどん、蕎麦、どんぶり一式とか、それにラーメンとか、カレーまでやってられる町のお蕎麦屋さんてありますね。これは今全国的にすごく減ってきてます。まず経営者が高齢化してきてること、もう1つは出前っていうシステムが少なくなってきた。なぜ出前が少なくなるかというと、美味しくないからなんですよね。「町の蕎麦屋さん」は、味に対するこだわりがあまりないんですよね。だからプロフェッショナルじゃないわけですよ。

我々のような蕎麦屋は、スローフードを基本とした、プロっていうんですか、まあ「味」を追求するということ、で、プラス何が必要かって言ったら、我々の場合、「ポリシーを持ったこだわり」、その店のポリシーというものが必要であるし、それに我々京都人は「おもてなしの心」というサービス。まあこの3つをベースに作っていくということで2極化すると思いますね。

現在も「こだわりの蕎麦屋さん」と言って、手打ちをやって、蕎麦の産地も指定してやられて、石臼挽きでやるという方法もありますが、こうするとどうしてもコストが高くなるんですよね。良いものはできます、が量産ができない。だからみんなに召し上がっていただけないということもありますんで。まあ残っていくのはいわゆるファーストフードの立ち食い蕎麦とこだわりの蕎麦屋で、我々のような老舗といわれるこだわりの蕎麦屋、それから手打ちでやっておられるこだわりの蕎麦屋さんでまあ成功される方ですね。

ただ蕎麦を旨いのを打てても、お出汁の美味しいのが取れないとか、つまりお出汁ってのはある程度量を取ってやった方が味が安定するんですわ。たとえばうちで、1日に300人前取りましょうと言うたら、多少失敗がないんですね。手打ち蕎麦の店でしたら、1日に100から150食くらいだと思うんです。そうすると味にばらつきが出てくるていうことがあります。うちのように、1日に300人前といった、ある程度量を取ってやった方が、出汁の味が安定する。その意味で、私共は自信を持っているし、負けないでやっていけると思う。

将来の展望としては、この業界ではこれからますます高齢化が進みます。そうするとまあ我々の年代の方が増えてきて、食事に対する興味とかも出てくる。それから健康の問題もありますね。でお蕎麦って非常に健康食なんですよ。嗜好が変わってきて、そういう意味では、将来的にも売上としての安定性があり、それを大事にして、我々としては結局薄利多売で、リピートを繰り返して行きたいです。

第5章

大《だい》徳《とく》寺《じ》一《いっ》久《きゅう》（伝文明年間・1469〜1486年創業）

所在地　京都市北区紫野大徳寺前20
業　種　精進料理
規　模　家族経営
主な顧客　大徳寺、茶道家元、一般客

大徳寺一久は、京都市紫野で龍寶山大徳寺や茶道家元、並びに一般客に精進料理を賄う。精進料理は仏教の戒律に基づいて調理され、動物性の食材を使わずに野菜や豆類、穀物を中心とする料理である。大徳寺一久の現在の組織構成は、当主の津田義明氏を含めた家族4人で、第2章の田中伊雅と同様に「B2B」（企業間取引）モデルの元祖料亭版といえる。現在並行して行っている「B2C」（一般消費者向け）ビジネスは、戦後になって始めたものである。

大徳寺は、臨済宗大徳寺派大本山で、正和4年（1315年）に大燈国師（1283〜1338年）が開いた禅寺で、応仁の乱（1467～1477年）後に、一休宗純（1394～1481年）が住持となっている。大徳寺一久は、一休宗純からその名を賜わったと伝えられる。大徳寺では織田信長（1534～1582年）の法要も豊臣秀吉によって行われ、千利休や小堀遠州等の茶人が深くかかわり、数多くの国宝や重要文化財を所有する大寺院である。

大徳寺一久は、大徳寺に隣接し一般客への営業の休日は、大徳寺の行事日程に合わせているので不定期である。伝統・伝承料理なので、レシピ（調理法）は昔から変わらず、唯一の違いは、昔は現在出される品数より少なく、その代わり、一品の量が今より多かったという。

当主の津田義明氏は、インタビューの最後を次のように結んだ。

「我々は、大徳寺のお仕事手伝わしてもらった料理方やから、（長く）続いて当たり前なん。料理が（200年、300年レシピを変えずに）そのまま続くちゅうことはありえへんのですわ、基本的に。ということは、いろいろこう世界を見渡しても、すべて、そのう、崩壊していく、時代時代によってね。そやから、その（変わらない）環境がそうさせたということですから、なんにも努力もないわけ。ただただ、（大徳寺の）お手伝いを続けただけ。で、やはり今でもただ続けていくっちゅうことだけ守ればええわけ。」

以下は、その津田氏とのインタビューを編集し要約したものである。

［インタビュー］

長寿のカギ

まず大徳寺という本山が存在するちゅうこと、それと平安、室町、江戸と、そして明治となってきました、その間大徳寺が存在したちゅうこと。で、その存在によって、うちの代々が出入りが可能であった。それと日本全体の環境ちゅうかね、昔は階級制度の中で、我々の先祖さんは門前におった平民て言いますね、そういう中で、荷担、お手伝いができる状態の人間であったということ、まずね。そやからその状態が長く続くちゅうことは、逆に言い換えたら、うちの先祖さんはこの辺の土地を持っておったって言うか、豪商ではないけれど、たくさん土地を持って、出入りするについて、地位的に立場上、存在を認めてもらったということ。誰でも彼でもということではないと思うんです。

それともう1つは、責任が世襲制度でした。そやから、ずーっと代々が、守る時代が続いたちゅうことや、うちのね。時代とともにその土地を預かっている状態ですから、小作はありますし、簡単に言うたら生活が豊かであったんやから続いてられた。

経営資源の蓄積

　お寺の方で、行事として中で斎会《さいえ》ちゅうことは、料理の方ですね。お寺の方で料理の方は、本来は簡単に、簡単な料理ばかり食べておられますわねえ、要するに自給自足で。ほして、お客さんに出しうる料理ちゅう物は一般のお寺と違う所ですね、そこがね。まず大徳寺が室町以降、徳川になってからは、幕府の関係の菩提寺に変わったということ。菩提寺に変わったいうことは、要するにお客様は、料理出すのに、ま、言えばお金がありますねん、お武家さんはね。ありますから美味しい物を出せという形になりますね。美味しいものを出せちゅうことは、結局贅沢な物を食べたいと、ね。

　本来のお寺のものは、粗食で畑にあるもんを頂くと。ところが畑にあるものは、逆に言い換えたら普段で、そういう普段の物はいいから、湯葉とか、豆腐とか、油の物とか、醤油をふんだんに使った物とか、お砂糖を使った物とか、酢を使ったもん。今言いましたものが、お寺には本来はないんです。その味付けの辛、甘、酸、苦て言うんですけども、そういう味付けができうるものは、お金が必要だったんですわ。で、お金が必要ということは、逆に言い換えたら大徳寺がそういうお武家の方の菩提寺になっていった。その関係がそもそも料理の発達の由縁なんです。

　それでもう1つは、その料理が今の時代にも通用するっていうことなんですわ。同じ伝承しとってもね、今の時代に合わなかったら駄目なんです。要するにその品格と、本膳という形の中で、今の形が一般の方に、今現在の生活が発展しても、十分認めうる料理法なんですわ。

家訓と経営理念

家訓は「一子相伝」と、「支店を持たない」。精進ちゅうものは、今の人に通じる由縁は、時間をかけた、手間かけた技量技術が、なかなか見抜けない。そしてうちは一子相伝やから、うちの技量が（外へ）流れない。うちへ来ないと食べられない。それの基本は、「登れば落ちるしかない」というので、上へ上がってしまえばもう落ちるしかない。ということは潰れるしかないという。

それは生活の中で、我が家がやっていければええという、生活ができればいいという1つの形なんで。それと目が届く範囲でいいというのが1つの形ね。もう1つは、よく言われるのは、「武士は食わねど高楊枝」ちゅう言葉ありますね。要するに自分とこの状態が苦労があろうとなかろうと、大徳寺さんがある限り、一久への要望がある限り、やっておれば食いはぐれがないという言葉があるんですね。で、家族が食べられれば、それでええやないかと、簡単に言えばね。背伸びしていったりすると落ちるしかない。そやから逆に言い換えたら封建的なんですわ。改革は、料理の中（品数や量）では時代に合わした形に持っていかないかんのやけども、精神的には封建制度を守ってるちゅう。

大徳寺さんの一休和尚がおられた時には料理法が大体確立しつつあって、本来道元和尚が曹洞宗持って来られて、精進料理の料理法が広まったらしいですわ。もう1つは大徳寺さんの場合は、大名が中国地方とか、和歌山の方とか、関東の方とか、お武家さんが石川県もあるんですよ、そのう、菩提寺がね。で、またそのお寺が散らばってますやろ。ほするると、九州から東北くらいまでと四国の間のものが、山に法要がある時は、手土産に持って行きますわね。ほいで本山の方に、「地元にはこういう料理があるんや、これちょっと作らへんか」というようなことで置いていくんですわ。ほして大名も地方の産物と料理法を京都で法要した時に教えたってくれ言うて、我々がそれを教えてもろたらしい。そやから、全国の地元の食材、料理法、それが本山に集まったちゅうことですわ。

それは人間一代の間にねえ、改良したものは無理ですわ。甘い、辛い、酸っぱいはできますよ。異質のものを作り上げるちゅうのはなかなか難しい、基本はね。それを可能にしたのは全国から来た、要するにその情報があったということ、料理において。それの集約されたものが大徳寺精進料理ちゅう形に残ってきてるわけですわ。

お寺さんはそういうことを商売でないから、そんなもん全然関知しない。で、我々の門前におるものは、また来年もせないかん、次法要があった時は、それ作らないかんというのでメモしていきますわね。で、そういう蓄積が、今の料理なんです。ところが先代さんの言われるのには、「不立文字」でありますねん。要するに口伝ちゅうか、そういう形でやる方が流れない。文書、書物に残すとか書き物にしとくと、それは全部流れていく。そやから口伝えで、一子相伝でいったらその方がいいと。

今現在は経済社会ですやろ。やっぱし家や土地を守る義務ができてきた。土地を守るということは、相続していくっちゅうこと。それに対しては、ある程度の生活、経済を持たないかんということで、食事処を作って大徳寺さんの物を頂いてもらっています。それともう1つは、季節感を大切にするちゅうことが、形の崩れない1つの料理なんですわ。

和尚方は、1月、2月、3月、4月、5月とありますわねえ。それで1月、2月で同じ料理になるとしますね。それでも和尚さんは文句を言わない。一般の方であれば変えて欲しい、料理をなんかちょっとアレンジして欲しい。ところが和尚さんはどうもないんですわ。和尚さんの修行なさってる心意気、八正道と六波羅蜜っちゅう言葉があって、その中に精進ちゅう言葉があるんやけど、それすべてね、和尚さんの生活態度いうものは、与えられたものを頂くという精神の中で、贅沢言わないから、それが逆に言い換えたら、人さんから美味しくない言われても、大徳寺さんが文句なければ、通してかないかんという、そのう、信任があるんですよ。そやから門前におりながら大徳寺さんの看板を頂いているわけやから、大徳寺さんの意向の中で改良が許されるものは改良していくんやから、和尚さんが美味しいて言うてくれはったらそれでいいという。

うちの場合は味付けが、ちょっとしっかり目になるんです。一般で京料理て言わはるけどね、あれ、味がないと私らは見てるんですよ。素材をある程度活かしていくちゅうことと、もう1つは素材におうた味付け、それがもう1つのパターンとして決まってる。だから変にいらわない。そういうことでうちの商売はある程度、昔の形を今にする。ただ違う所は、量は減って、たくさんのメニューともう1つは品数を増やしていく。それには、若干本来の精進の形とちょっとずれがあります。はいそれくらいです。

欲しい経営資源と長く協力関係にある組織

（長い間協力関係にある組織は）ないです。消えていきます。もうねえ、何でやろ、八百屋さんもね、消えていきます。変わっていく。困ったもんですわ、また育てていかないかん。大変ですわ、これから。ということは（新しい仕入れ先は）うちの方の仕入れる物がわからない。何とか探してくれと頼まんならんですわ。そやからほんまは相手も続けてもらわないかん、実際にね。

向こうから持ってくるということ？　いやそれはないです。こちらが指導せんと、もうわからない。八百屋さんに、湯葉屋さん、生麩屋さん、うちがああせい、こうせい言うて全部作らす。向こうが勝手に作るっていうものはない、それだけ指導力があるわけ。東寺の湯葉でも、うちが先代さんが指導して作らさはったんや。ほんで作り始めたらもうそれでオーケーです。それで続けてくれはったらいいわけ。だけどそれが消えてくお店もあるちゅうこと。もうせっかく育てたのに、あのう、やめていかれる。

（人については）要するにファミリーで、仮に大きい仕事があるとします。ほしたら兄弟呼んでくる。お寺さんも、要らん方を連れてくると困りますのや、そら物がありますやろ、（大徳寺の多数の国宝や重要文化財等の）調度品がなくなったら大変なんです、台所入るから。ファミリーでやれば、親戚やからわかるから、そんなことはできない。そやから企業とは違うんですわ。

私らの店は、「店」として発祥したんやなくて、お寺のお仕事をお手伝いしながら来て、時代の変遷で農地改革で土地がなくなったから、それで（一般客に）うちの方でお商売させてもらおうという形で、それだから今現在でも優先第一はお寺と家元のお仕事をさしてもらいます。ほしてその間に家の方で仕事があればさしてもらうという形です。

精進ちゅうもんは、作る側も一生懸命しないかん、心も一緒でなければならない。２０００人ちゅう注文あるとしますね、ほんなもん駄目、しない、できないし、するべきでない。商売道徳と、自分に対する哲学というか、そういう物が料理の中に息を吹き込む形であれば精進にもふさわしい。経済が成り立ったらええちゅうもんとは違う。これあくまでその禅の言葉の中で、すべてそういうものを排して商売していかなね。

歴史はプラスか？

負になることはまずない。「ものは取りよう」の問題になります。自分が能力が、賢くなかっても、体があればできる状態、それと何とか次の者に続ければいい、親を追い越さんでもいいと。次の者にタッチする、これが大事であるということを口癖のように言うてますから。無理しないから、経済が成り立っていきますわね。ただ大きくしないのでパンクしない。そやから自分の実力におうたことしかしちゃいかんのですわ、まあ言えばね。

業績目標

家と土地が余ってんのに、（他所のみんなのように食事処を）建てたいと、若い時は焦った。けども、今それ必要ない。やっぱしそれ建てたらお金が要りますやんか、ほなら返さなあかんわな、ね。要は無理したらいかんな。無理したら、結局自分がしんどいだけや。

最大の困難

うちの場合は、それはないんですねん。お寺と家元には、必ず法要があるんです。私の時代には落慶法要、新参式、一般の法事ですねえ、それがずーっと重なってました。ということは、半分くらいはお寺さんのお力で生活させてもらってる。だから一般の方は、まあ要するにお寺と家元の仕事がない時ですから、割に経済の上がり下がりが少ないんです。だから、大きくなることもないし、大きく儲けられることもないし、もうどうにもならんちゅうこともない、必ず平均したお仕事頂けます。

長い歴史の意味

長いちゅうことは、逆に言い換えたら人さんに真似ができないちゅうこと。それは世間様が一久という存在を認められている、認知されてる。認知されてる以上は、その認知されたレベルまでお仕事なり、また外国から来られる方の、国賓なり、そういう方々に対応できるようにしないかんという悩みはあります。そういう方が来られた時にも、これは伝承料理やから、変化がないもんやから、美味しいから来てもらうんやなしに、ただただ守られた物を頂いてもらうということは、逆に言い換えたら、この料理が大徳寺の料理ですとわかってもらって、外国の方が来てくれる。美味しい思うて来てくれるんやったら、来てもらわんでもいい、基本は。

これが一久の料理であると、一久のやり方であると。一久のやり方は、イコール大徳寺さんのシステム、やり方、行事の工程に倣ってやってる関係で、これを違うと言うんならば、「それはあなたが勝手に作ってください」と。「うちはこのやり方が、お寺の流れを組み入れたもんです」ということしか言えない。哲学がはっきりしている。

ライバル

競争相手としては、隣、一、二、三とお寺の中には今3つ、後からできました。ただうちには自負ちゅうもんがあって、「そこへ行きたきゃ行きなさい」と。うちの料理は、大徳寺さんの根本的にお茶の料理であり、ほして精進料理の一応最高レベルの物をお出しさせてもらっていますから。それでお口の合う方、合わん方、そらあると思いますよ、全部が全部合わん。お金の方もこれで高すぎるという方もあるかもわからん。ただそれはしょうがないですわ。（お客の数は）私の時代として30年としますね。1年間にまあよくして1万人。その形で重複してるとこありますわね。仮に30万人ですやんか。それ以上お客さん要らんわけです。30万人の人を大事にしたらええわけや。歴史ちゅう物は恐ろしい物で、それが代々口伝えでいっとくれやすやろ。そしたら小さい時来たと、20年目に来たと、そういうお客さんがあるわけですわ。そやからそういう方が「行こか」と言うてくれるような状態でなければ、そっくり変わってもろたら、料理の形も変わってしもたな、いうたらそれはもう一久の存在もなくなってしまいます。

そやから「相変わらず」の状態を持たないかんのや、変わらずっちゅう。それがうちのある面においては難しさであり、困難であるけれども、その困難を続けることが自分の使命である。で、使命によって、お客さんもそれに対してついて来られる部分もあるということです。使命感がなかったらね、物事は駄目ですわ、あのう、強欲だけでは。

第6章

飛良泉本舗《ひらいづみほんぽ》（伝長享元年・1487年創業）

所在地　秋田県にかほ市平沢中町59
業　種　日本酒製造販売
規　模　従業員約15人（通年）＋杜氏
主な顧客　一般客

飛良泉本舗は、秋田県にかほ市で日本酒を製造している。日本酒の蔵元には老舗が多いが、ここは日本で3番目に古い酒造元と伝わる。元々は初代が応仁の乱の混乱期に大阪の泉佐野から秋田の平沢（現にかほ市）に移り大きな庄屋と回船問屋を始めたのが創業と言われる。

2代目の斎藤市兵衛によって酒造りが始まり、江戸期には酒、砂糖や呉服を北前船で運送した。22代目頃までは、酒は副業であったが、今はそれがメインとなっている。他の多くの酒蔵と異なり、「山廃仕込み」という酒造りの方法にこだわり、商品数を絞り飛良泉本舗の酒を求める客をターゲットとして販売している。

２００８年に開催されたインターナショナル・サケ・チャレンジ・コンテストで、「飛良泉　長亨」が、生酛／山廃部門で最優秀賞および金賞を受賞した。現在約15人の通年社員と冬季に仕込みをする約11人の杜氏集団が、醸造工程に携わる。

以下は、26代当主の斎藤雅人氏とのインタビューを編集し要約したものである。

[インタビュー]

長寿のカギ

長寿のカギは、やっぱり我々資本主義っていうか、経済優先でやってこなかったということですよね。お金を儲けるために、とにかく何かしなくちゃいけないからやってきたというんでなくて、自分ところのお酒の品質の重視といいますか、そっちの方が優先なんですよね。私共の方はある程度儲けたいですけどね、そっちは最優先ではないんです。良い商品をお客さんに提供して喜んでいただくっていう方をまず第1に考えているので、その辺が成功、じゃないかも知れませんけども、お客さんから信用を得られることだったのかなと。

で、「老舗の強みは何ですか?」みたいなのを秋田県の（アンケート）資料ですけど、やっぱり1番は、信用、伝統というふうになってまして、ですからやっぱり信用、僕らもそう考えます。それでその信用っていうのは、自分達が継いだ時にもうすでに頂けるんですよね、ええすでに応援者がいると言うか。普通でしたら、1からそれを築いてかなきゃいけませんけども、私、（東京から）こっちへ戻ってきた時に、すでに周りに理解していただく方がいらっしゃるっていうのが、我々の強みかなあと思います。

日本の酒屋は、うわっといろんな物を造ってまして、夜店のおもちゃ屋みたいにずらーっとあるんですけど、うちはなるべく商品を絞って、受注発注といいますかねえ、本当に酒の好きな人をターゲットにしているんです。だから広く浅く売るんじゃなくて、我々を求めてくださる顧客といいますかね、細く長く、そういう商売をしているので、それが老舗に繋がっていくかも知れませんけども、そういったスタイルを持ってます。

経営資源の蓄積

（信用の蓄積は）良い事もしなかったけど、悪い事もしなかったというか、それやっぱトラブルがあったら、そこで途絶えると思いますし、いろんな難しい時代もあったとは思いますが、その時にたまたまそういう、この自分の先祖をいうのも変ですけど、そこを切り抜けられる英才というか、才能をちょうど持った代がいたのだなっていう。ただうち（創業が）室町の中期なんですよ。１４８７年なんで、江戸までは１２０年しかないですよねえ。ですから、まあ最初来て、2代か3代くらいは、まあ一生懸命やりますよねえ。で、その後江戸で鎖国されるわけですから、今と違ってやっぱりここにじっとできたと思うんですよね。ですからそれがまず、この２７０年はあんまりねえ無理しなくても続いたような気がしますね。そして回船問屋もやってて、商売もうまくいってたもんですから。

22代目から明治ですけども、私の祖父が私が生まれた時にもう亡くなってまして、戦後は結局1代しかまだ相続してないわけですよ。それで農地改革なんかもあって、今はすごく相続がやりにくくなってきたわけです。前は日本は必ず長男が継いで、一家長制っていうか、そのまま親の物を全部頂いて、それで続けてきたんですけども、結局戦後はもう相続税がどわーんと掛かって、3代相続したら潰れるって言われてるんです。だからそこを考えると、520年以上やってますけども、最初はそうだし、途中徳川、江戸だし、その後戦後まだ経験してないんで、そういう運的なものもあって、たまたま続いているのかなあっていう気がします。だからこれから逆に皆さんが研究されるような内容に踏み込んでいくのかなと。それまでは、案外日本は比較的相続しやすい世の中だったのかと推測します。

欲しい経営資源

やっぱり今は、ちょっと恥ずかしいお話ですけどお金がないですよね。日本は（バブル景気後）とくに地方は急激な不況で、もう見る影もないです。ですからリーマンショックが起こって、東京がああいうふうになって、まあ世界的にないふうになってむしろ助かってます。と言うのは、あれがなかったらもう置いてきぼりです。結局全然対策を我々にしてくれないし。

たとえばこの業界ですけれども、今日本酒は、昭和47年（1972年）がピークなんですけども約70パーセントダウンです。ピーク時の3割しか売れていない。戦前には8000蔵あったのが、今は1400になり、また焼酎ブームがあったため、それにぶつかり、私共も最盛期の6割になってます。

ただ私共は昭和39年（1964年）新潟地震のあった時、ちょっと被害を受けて、本来日本酒が一番伸びる時期に大きくなれなかったもんですから、ずーっと手造りを守る蔵として残って、かえってそれが幸いして昭和50年代に、手造りの蔵を探すムードになった時にちょっと声がかかりまして、一番悪かった頃より今は2倍くらいになってます。そういう意味では他の所はみんな7割ダウンなのに、まあ大体同じであるということなんですが。今は急激に、それまでは売上も十分あったんですけど、現在はやはり資金力がちょっと不足してるんで、自分達がやりたいことをやれないと言うか、まあそれは地方の酒屋に限らず、地方で仕事をしてる、自営で仕事をしてる人は皆同じだと思います。

歴史はプラスか?

やっぱり長い歴史は、信用を頂いているということによって私共は日本酒を製造して販売してるわけですから、去年一昨年に始めた所に比べればですね、食品は大体そうだと思うんですけども、歴史が看板になっております。「あそこのであれば恐らく品質は間違いないだろう」というような評価を頂けるんじゃないかなあと思います。あと、長い歴史だけは作れませんのでねえ。ですから長くやってますよということは、長いから良いってわけじゃないんですけども、お客様、消費者の皆さんがやっぱり長くやってきたということに関しては、私達が思っている以上に評価を頂いてるようですね。

マイナス面は、ここ田舎だから(長く)存在したと思いますけども、私も実は生まれてから30まで東京で暮らしたんです。ですからそっちから来ると不便でねえ。ですからどっか行きたいですけど、やっぱりここから離れられませんよね。長くやってきたからマイナスだっていうことは、ちょっとあまりないですね。まあ自分の代でやめられないとかいうこともあまり感じてないです、それは。自分でやる仕事ですから、まあ駄目な時は仕様がないなというふうにあきらめてますので、できれば続けていきたいけれども、うちの息子もやるつもりでいるようですしね。

地の利

商売としてはやはり日本酒ってのは、米と水と気候が大事です。暖かくちゃダメです、少し寒いくらいの方が。それは発酵させる時に発酵気温が出ますので、外気が5度以上だとちょっと作りにくいんですよね。で、良い米が取れます。もちろん良い水が、全部井戸水です、を使いますけど。だから産地イメージとしては秋田県は、最高にお酒が美味しそうだなと思われる県。東京にも10社くらいあるんですよ、あと埼玉、千葉もありますけども、やはり産地のイメージとしては、この場所は恵まれてるのだなと思います。

経営理念

社是は「派手な桜の花よりも、地味ながらふくらみのある梅の花のような酒を造りたい」ていうのが経営姿勢です。つまりわあっとプンプンしたものすごい派手な桜の花は見て綺麗ですけどもね、それよりも地味でもぷっくり膨らんでるような梅の、香りがなくても味のある酒を造りたいと思ってます。あと私個人としては、中国の昔の言葉だと思いますが「和して流せず」。要するに、協調するけれども自分の考えは曲げない、みたいな。だからちょっと個性的な蔵元になってるんですけど、「山廃を頑固に守り続けて自分の意見は持つ」みたいなことを心掛けてやってます。

業績目標

あまりにも急激な経済的なことと、日本酒の凋落があるもんですから、数字的には申し上げられる段階ではないと思いますが、私共は、割合秋田の中では、首都圏への（売上）が多いんです。今日本酒はちょっと大衆的な飲み物じゃなくて、マニアがこだわって「何処の何が美味しい」っていうようにシフトしまして、まあ「秋田だと○○○だよね」と言ってくださる比較的その先駆けなんですよ。

そういう意味では首都圏で指名されるメーカーになりたいなと思ってます。だから秋田でトップよりも東京で100番になりたいと思うんですけど、幸い百貨店なんかにはだいぶ入ってまして。名前も1回覚えると覚えやすいもんですから、「飛良」は、飛び切り良い泉という意味です。ここは平沢っていう場所で平沢の回船問屋の泉屋の酒。大概、泉だと中尊寺の岩手県の平泉と同じなんで、あれは東北の首都ですから、それと一緒はさすがに我々の先祖も恐縮したと思って、飛び切り良いっていう字を当てたわけです。それでまあ520年前の祖先は大阪から来てるんで、今、泉堺市と言うところですけども、そこには飛良さんという苗字の方がまだ2～3世帯いらっしゃるようです。応仁の乱があって、その後、たぶんそれで逃げてきたんだと思います。で、船で来たんですよ。

過去の困難と環境変化への対応

天保のあたりに飢饉（1833～1839年）があって、米が手に入らない時期が。22代目まで、我々酒屋は副業だったんですよね。回船問屋もやってますけど、要は庄屋を治めるような大庄屋ですよ。小作人から米を集めてそこからそれを殿様にお金を貸したり、そういう仕事をしてたんで、恐らくやっぱり米が取れなかった時は、苦労があったと思います。あとは私の祖父のあたりが終戦を迎えた時に、農地改革その他でだいぶあった土地を全部持ってかれちゃったと思うし、急にこの家が収縮した時があったんで。それですぐ相続だから、まあ今の我々もこの2～3年結構苦しい時だし、ええ（新潟）地震も来ましてね。

たださっき言った、日本酒の復活のブームがあって、「越乃寒梅」って有名なお酒があるんです。その時に地酒を探す第1次地酒ブームってのが昭和52～53年にありまして、もしそれがなければ今頃やめてると思います。それがあったんで、手造りをずっと守ってたんで、「なんだ飛良泉は良いじゃないか」って東京の方から評価がありましてね、そういうおかげさまで、少し息を吹き返したわけです。

ダーウィンの『種の起源』に、結局強いものでもなくて、頭の良いものでもなくて、今生き残ってきたものっていうのは、環境に適したものだという説があるそうで、まさにそれだなと思いました。うちは強くもないし、頭も良くなかったんだけど、やっぱり環境に適応するのは割合自分もそうかなと思いますし、うーん、それはなぜかというとやっぱり比較的いろんなことをやってみるジェネレーションだったみたいですね。だからいろんな情報をやっぱりまあ環境適応っていうよりも、やっぱりちょっと情報を持ってた。回船問屋も情報が入るわけですよね。幕末にも先ざきではないんだけど、ある程度情報網を持ってて、で、対応していくと。

長い歴史の意味と将来

よくプレッシャーがあるんじゃないかって言われますけども、今はないです。というのは、むしろ仕事に就く前はプレッシャーはありました。やっぱ責任感もあるんですけども、自分の代で何をすべきかという方が大事かなというふうに思ってます。ただ建物とか見ると実際相当古いんで、そういう物は大事になるべく壊さないようにしたいなとは思ってますね。

将来は輸出を、海外への清酒の販売が始まってまして、もうちょっと海外へ目を向けて日本酒をもっと世界の皆さんに嗜んでもらえるようなことをしたいですね。あと東京での知名度アップを、折角やってるからにはね、そういう認知銘柄にもなりたいです。

うちの息子はモノを作ることに対して興味を持ってるんで、やはり物をちゃんと作れるメーカーっていうか、日本酒ってやっぱ品質ですから、如何に品質を重視するかという大事さを知ってもらって、蔵元が自ら造る、みたいなことを少しかじってくれるといいがなあと思ってます。

(事業は)もっと長くやりたいですけど、時代の流れはどうなりますか。ただ酒屋ってのは急に利益をどんどん上げて、バンバン大きくなるものじゃないんです。ある程度の人数で、損のしないような商売をしていくということであれば、急にこうガタガタっとなることもないので、自分の身に合った大きさで進めば良いんで、他の利益率を求める商売よりは長く細くできると思うんですよ。そういう意味では、もう500年とは言わないですけど、もう200年やっていきたいですけどねえ。

協力関係にある会社と組織形態

秋田県は県内に42銘柄くらいありますけども、比較的団体で行動する県なんですよ。とくに秋田県酒造組合には地域別に8つの支部がありまして、ここは由利本荘、由利支部っていう支部で、5社あります。……イベントを組んだり、集まって、いろいろなんかやろうとか、たとえば共同仕入れって言いますか、共同で値段交渉したり、協力体制でやります。

（分社や子会社を作ったことは）ないんですが、明治になるちょっと前に16軒の分家がいます。そのうちの11家くらいが今ここへ住んでます。そこのとこだけですね。

ライバル会社

うーん、ないですねえ。ただやっぱり県内のメーカー同士はやはり競合ですけど、さっき言ったように結構仲が良く、喧嘩したりするようなのではないですね。地元の小売屋さんとは、ずーっともう昭和の最初からですけど。

昭和40年代まではこの町だけでしか売ってないですよね。日本酒ってのは、昔銘柄がなかったそうです。もう「酒」、「酒屋」と言って、外に出ていかないから銘柄をつける必要がなかったんだと。だからたぶん、「飛良泉」って名前も江戸の終わり頃につけたような。

日本名門酒会っていうグループは品質重視の所です。約80社くらいあって、しょっちゅうイベントやってます。

その中では我々は品質重視で全国展開をする「地酒蔵」っていう位置にいます。

長く続かせようとは思ってないんですけど、なんかこう焦って変なことをしないって言うんですかね、まあ余裕もないんですけども、狡賢くちょこちょこやろうって気は毛頭ないです。だからそういう商売のお話があっても、「いや、ちょっとうちは」ってお断りして、そういう意味じゃ、ちょっとこう欲がないのかも知れませんけど。でも自分たちの物を、品質を向上する欲はものすごいありますから、そっちの方の仕事の話だったらどんどんどんどん。たとえば「新しいこの酵母ができたけど、これ造ってみないか」なんちゃったらもう必ずやります。

第7章

川端道喜《かわばたどうき》（伝文亀3年・1503年創業）

所在地　京都市左京区下鴨南野々神町2-12
業　種　和菓子製造販売
規　模　家族経営＋長期パート数名
主な顧客　御所御用達、茶道家、一般客

川端道喜は京都の和菓子屋で、水仙粽《ちまき》や葩《はなびら》餅で名高い。商号は「御ちまき司　川端道喜」で御所御用達の意味を持つ。創業は渡辺進という武士が応仁の乱の後に、御所に餅を進献して始まったと伝わる。室町時代から明治の初めまで、350年間毎日天皇の朝食である、御朝物《おあさのもの》を調達するため、御所に出入りした。したがって、田中伊雅や大徳寺一久と同様に、典型的な元祖「B2B」ビジネスである。また、裏千家等の茶会行事にも数百年にわたって、和菓子を調達している。

京都御所の外郭の正門とされる「建礼門」の横に「道喜門」がある。日本の無数にあるビジネスや老舗の中で、京都御所の門に自らの商号を持つほどの高い格式と伝統を誇るのは、この川端道喜ただ1つである。

明治初期の東京遷都の際に、道喜の御所への儀式用餅や、御朝物の調達がなくなったため、主な茶道流派が商売の主力先となったが、宮中で使われていたものを和菓子として、茶道の上に活かしていった（川端、1990）。

歴代の天皇、戦国時代の織田信長、明智光秀、豊臣秀吉や千利休と、代々の道喜との逸話が数多く伝えられている。その後、他の千年企業と同様、厳しい環境変化に晒されたが、燦然と輝く伝統と知識は脈々と受け継がれ、21世紀の現代になってその輝きはさらに増した。2005年の日本経済新聞のNIKKEIプラス1「和菓子ランキング」では、川端道喜の「水仙粽」が第1位となるなど最高の評価を受けている。名実共に、500年間日本一の座を誇り続ける老舗である。

以下は、16代当主夫人、川端知嘉子氏とのインタビューを編集し要約したものである。

【インタビュー】

歴史的変遷

今、たまたま長く続いているのは奇跡に近いようなもので、元々うちはお菓子屋さんというよりも、武士だったのが、御所の前で餅座を、餅屋さんを始めたんですね。それで御所の出入りをしていたと。御所のいわゆる政《まつりごと》、政治というのは今の政治じゃなくて、「今日は何日、どっちの方向を向かって、何を食べる」とか、そういう呪術的な儀式が政のほとんどやったみたいで。

日本人というのは、たとえば一般庶民でもお正月にお鏡餅を飾るように、儀式とお餅ていうのは切っても切れない関係なんですね。それで餅座をしてたということは、もう御所に毎日のように用事があったということなんですね。ここに御定式御用品雛形というのがあって、ずーっと儀式に使われるお餅が巻物になってるんですね。で、それはうちにも残ってます。こういうことをやってたので、結構潤ってたと思うんですね。

明治2年までずっと御所の前でやってたんですけれども、東京遷都になった時に、多くの人は東京へついて行かはるわけです。うちは、一応ついて行って、それで1年間かけてこれを向こうの大膳部っていう宮内庁の絵師の人に写してもらって、それで原本を持ち帰るんですね。ところが御所に御用がなくなったら、急に経済的には落ち込みますよねえ。それでそれ以後、いわゆるお茶事のお菓子屋さんとして生業を立てていくわけですね。そういう関係で、裏千家さんとかの関係がすごく深いんですけれども。

ですから毎日のように御所の儀式でお餅があることと、お菓子をちょっとずつっていうのでは、もう全然経済的に違うわけですよねえ。で、上生菓子なので、量産はできないと。量ができない分、そんなに経済的には潤わなかったんですね。それで、代々男の人は明治以降は政治家だったり、銀行員だったり、必ずしもお菓子屋さんだけで生業を立てたわけじゃないですね。

ちょうど14代の人も政治家だったんですけれども40歳で亡くならはるんですね。それでその奥さんにあたる方が、こう、何か拡げようと思わはったのか、いろんな原因があったと思うんですけど、とりあえず御所の真ん前の大きな家屋敷を取られてしまわはったわけですね。で、もう1回本当は道喜はそこで終わったと言ってもいいんですけれども、技術とかいろんな物が残っているのがもったいないので、それでまた15代が復活させたんですね。それが上賀茂だったんですよ。で、それから後、家を大原に買って、ちょっと大原の方が山奥なので取りあえず今のところに移ったんですけど、そしたら経済的にバブルが弾けて、今のままと。

ただ、やっぱりうちの店は特殊な店で、こう、ずーっと守ってくれはるようなお客さんがいはるんですね。ですからその人達の何かこう、声援みたいなん受けて、もう経済的には普通だったら、きっともうやめはるところを、細々と繋げてるみたいな感じなんですね。

長寿のカギと経営理念

明治までは御所の御用をしてたわけでしょ、ですから何百年続いたうちのほとんどは御所の御用をしてたわけで、お菓子屋さんとしてずーっと生業を立てたわけじゃないですよね。ただ、もしうちがポリシーとして守って、皆さんが応援してくださるというのは、たぶん、「もの」で勝負しなさいということですよね。これ起請文なんですけど、「正直なるべきは無論の事、表には家業を大切に、内心に欲張らずに品を吟味して、濫造せざる事」なんです。

それとあと2番目が、「声なくして人を呼ぶという意味味わう事。右祖先伝来の遺訓しかと相守り、家業を続け、仍って件の如し」、そういうことが書いてあるんですけど、つまり宣伝をするなと、それからその品で人を呼びなさいということなんですね。それで欲張らずに濫造せざること。宣伝をするな、なんです。だから今の時代とはものすごく相反することで。しかし、でもね、きっと何処も皆さん経済的にはすごくきついと思うんですね。もう動くに動けないみたいな形やと思うんですね。

「欲張らずに濫造せざる事」っていうのあるんですけど、うちの方法を取ってる限り、濫造ていうか、数が作れないんです、全然。だから1つの単価は高いですけど、本当に数が少ないので。たかがお菓子は高いて言っても宝石じゃないので、大した額にはならないですよね。だからこのポリシーを守ってる限りは絶対大きくはならない。材料を買って、人件費を払って、それで子供の教育費にちょっと充てるくらいで精一杯っていうことですよねえ。

まあお客さんの中で、「京都は老舗と屏風は拡げたらあかん」っていう、倒れるって言わはるんですね。だからそのお客さんも「小さいから良いんですよね」って言って、うちのお菓子をよく理解してくれはる方は、そうおっしゃってくださるんですね。

欲しい経営資源

うーん、一番欲しいのは時間ですよね。結局1月の初釜のお菓子の時なんかは朝の7時半に取りに来はるんですね。今ずいぶん慣れましたけれども、私が最初受け継いだ時は6時までかかって、7時半に取りに来はるのが1か月続くんですね。それでもうほとんどいっぱいになるような状態で、しかもその間休みなしでずーっとやるんですよね。

またすごく大切なのは、やっぱり人材ですよね。ただ作るんだけじゃなくて、普通の人よりかは、「あ、綺麗にできた」とか、そういう感じがわかる、その伝えてわかる人が育ってくれ、ていうことなんですね。ですから裏千家さんにお菓子を作った時に「上」という箱を作るんですね。同じもんなんやけど、こう微妙に綺麗に良くできがいい物を作ってくださいて。その上箱を選べる目ですよね。で、実はうちは職人さんも誰もいないんです。一子相伝て言うと聞こえがいいんですけれども、人を雇ってる経済力がないということなんです。ただ私ひとりでやっているんじゃなくて、今いてくれてるアルバイトさんが交代交代で大体3人から5人の間で、1日ひとりくらいの助手なんですね。

長い歴史はプラスか?

やっぱり気持ちの引き締めですよね。たぶん、歴史がなかったらやめてると思いますね。たぶんというのは、やっぱりこんだけ自分の人生をこうほとんどを費やすわけで。ですから歴史の重みていうんですか、「自分の代で終わらすのはつらい」みたいなのがなければね、やっぱり続けられなかったかも知れないし。で、現にそのしんどさを知ってるから、亡くなったお爺ちゃんは、私の息子、孫にあたりますよね、「孫が継ぎたくなければ継がなくてもいい」と。だけどやっぱり1つ摑んでしまうと、もうやめられないみたいな歯車に入って、やっぱりやめることで、たとえば裏千家さんの初釜は、うちの「葩餅」使ってくれはるし、利休忌には「花衣」か「花筏」かて決まってるものがあるのでやめることとですごい迷惑が。

たぶん、餡をこうして手で炊いているのは、今、うちくらいじゃないですかってアルバイトさんが言うんですね。私も主人が亡くなってやらないといけないとなった時にもうほとんど及び腰で……お義母さんが心配して「(お餅を作る機械を)見に行くか?」と言わはったんですけど、その時に「お義母さん、それやったらもうやめましょう。機械でするお菓子やったら、うちがやらなくても他所がやらはるから、やる必要はない」って言うてね。

今のお菓子はね、いろんなもの入れるでしょ。これ(水仙粽は)、吉野葛とお砂糖だけなんです。ただ吉野葛でも「みゆき」ていう葛とか「随一」とかいう、ちょっと腰があるとかね、いろいろあるんですが、それをちょっとブレンドして作るんですけども、ほんとに水とお砂糖と葛だけなんですね。水も「天河の真清水」という吉野の方の水を取り寄せて使っているんですね。だから、全部自然の良い物ばっかり。……（手作りで使うのは）こんなお鍋と、しゃもじと、竹へらに材料と道具でしょう、もう何もないです。

やっぱりうちが続ける限りは、大変かも知れへんけれども倒れるとこまでそのポリシーを守る方がいいじゃないですか、みたいな形で「取りあえずやれる所までポリシーを守ってやっていきましょ」、ということでやりだすと、不思議と楽しいんですよね。お金のことを考えると大変ですけれども、やっぱり全部手仕事でしょ、そしたら大事に作ったものは、良い物ができるし、機械だと同じ物がぽとぽとできるわけですけれども、本当にうまくできた時に、良い絵が描けたのと同じようにすごく嬉しいですよね。満足感が全然違いますね、はい。

機械のボタン押してできることと、お餅を1つ伸ばしたり、お菓子を1つ包んだりするのでも、ちょっとずつ、ほんのちょっとずつですけど上手になるんですね。やっぱりそれはすごい喜びになるし、それを食べてくれはったお客さんが、うちはお客さんの顔も見えるので、「おいしかったわあ」って言って電話をくれたりしはるんですね。……そういう喜びもあるし、ですから問題は経済的なことだけですね。

経営目標と経営資源の蓄積

引き継いだ時に資産があったわけじゃなく、むしろマイナスのところから始まってるんですね。……ですから、そんなに欲張らず、欲張っても無理やし数ができないし、うちは「濫造せざる事」と言うよりも、濫造できないんですね。

（ノウハウなどの経営資源の蓄積については）うちの主人もそうですけれども、誰もお菓子屋さんで修業してないんですね、お菓子の学校にも行ってないし、どこかへ修業に行ったこともないし。こう、ずーっと伝わってきているものを、それぞれ何か、こうする、ていうのを自分の母親から、家のお味噌汁の味を習うような形で習うんですね。基本を教えてもらっても、それぞれ少しずつたとえばお餅が硬くなるから、今サランラップを被せとくとか、そういうことはありますけれども、結局はずっと代々続いてきたことの繰り返しなんですねえ。

過去の困難と環境変化への対応

そら何よりも最大の困難は、家屋敷を取られたことでしょうね。でもうちの場合は、家族でやっているようなもんですから、いわゆる家族の関係、それとアルバイトさんとか、数人の関係がうまくいけば、すごく楽しくうまくいくんですね。だから人間関係がすごくいいと、それぞれがみんなこう、様子を見て、があっとすごく少ない人数で、何が滞ってるかをチャチャッと見てみんなが動いてくれるんですね。だから普通だったら、私たぶん主人も亡くなって、お義母さんも脳梗塞で倒れて、もうこんな重みに打ちひしがれるようなところをみんながこう夢を持って仕事場が明るいから、ずーっとやっていけてるんじゃないかなて思うんですね。

東京遷都へ行かはることなんか最大の環境変化ですよねえ。それでついて行かはったら、どうなったかはわからないんですけれども。それとあと、材料の問題ですよね。今一番問題なのは、この葉っぱなんですけれども、この笹（熊笹）というのは、40年に1回花が咲くんです、竹は60年に1回で。ちょうどこの葉っぱがなくて、それで地球温暖化で絶対量が少なくなるのと、鹿がものすごく増えて少々残ってる葉っぱの新芽のところ全部を食べるんですね。

それで日経新聞の和菓子のおすすめスイーツっていうアンケートで、この水仙粽が日本一になったんです。で、その時にいっぱい注文があったんですけど、その時に、ちょうど笹の葉っぱがなかったんですね。それで「これはもう本当に神様が『濫造せざる事』をわざとやったはるのじゃないか」と言うくらい、まあ「今は葉っぱがないので、葉っぱが入り次第御連絡します」という形で。

葉っぱがないということは、粽を作れないんですよねえ。じゃ何とかして生活していかないといけないから、こちらにお菓子がたくさんあるんですけれども、粽がある時はほとんど断ってはったんですね。それで粽が作れないということは、こういう生菓子を作らないといけないと。そしたらそういう話が、こう巧くなるのか、粽でいつも納めてた所に「あのう生菓子で対応できませんか」っていうふうにして生菓子を作るようにしたら、来年も生菓子をくれという形で。それでこれを提供するようになるでしょ、そしたら、これも作れば作るほど上手になってくるので、やっぱ腕も上がるので楽になってくるんですね。

ですから「葉っぱがなくて、粽が作れないからじゃあやめよう」というんじゃなくて、じゃあ何ができるか、みたいな時にあんまり難しく考えずに、「まあこんなんがあるから」ということで。そしたらやっぱりお茶事の裏千家さんとかしか出してなかったんが、デパートさんにはあまり出してなかったんですけど、すぐに包装しないと硬くなるので、うちはもう作って、軟化剤とか全然入れてないので、「硬くならないようにトラックの寒い所だったら具合が悪いので、助手席に乗せてください」て、そういう条件をお願いしてデパートに出すようにしたんですね。それでまあ今は東京の新宿の高島屋さんとか伊勢丹さんとかに月に2回とか。だから結局葉っぱがなくなったことでお餅が世の中に出て、自分の技術も身についたということですよねえ。

長い歴史の意味

（長い歴史は）悪く言えば負担、良く言えば誇り。そうですね、負担であるけれども誇りでも、プライドって言うのかなあ。やっぱりご先祖さんが培ってきはったものを変にできないという負担はありますよね。昔、こないだちょっと問題になった所（他の和菓子屋）があって、そこの方が、うちと、お爺ちゃんと、交友のあった京都のエッセイストみたいな人を介して、毎月10個ずつ、このいろんなお菓子を注文しはったんですね。取りあえず作ったら、そのエッセイストの人が、本当は、その他の地方の和菓子屋の注文やって、売ったはった。それで（その和菓子屋が）うちのお菓子を研究して、同じ物を作って、毎月売り出さはったんです。そしたらもうずらっとお客さんが並ぶくらいテレビでもニュースとかでもやったはったんですけどね。それはうちのお菓子を形も全部真似して作らはった。

でもうちは登録商標とかまったくないんです。だからそれを訴えることはしなかったし。ところがやっぱり向こうは誇りというのがなかったんですよね。だからたくさん売れるということは、前もって作らないといけないんですね。ということは、防腐剤とか軟化剤とかを入れないといけなくなるから、まあそういう物を入れはったんやと思うんですね。その地方から来はるお客さんが、「あそこ、この頃硬くなりませんし、もうあきませんですよ」。そのお客さんが言うたはったのは、最初は結構美味しいと。だけどやっぱり売れてきて、もうざあっと量産できるようになったら、やっぱりお金に目が眩むといろんな物を入れ出すでしょ。そしたらやっぱり不味くなると、そしたらお客さんが離れる。だからうちはそれができないですよね（著者注：このコピー商品を売り出した他の和菓子屋は、消費期限、製造月、原材料表示偽装事件を起こした）。

流行ると味が落ちるていうことは確かですね、何か不思議と。美味しい物は、パンでも焼き立てが美味しいように、お菓子でもやっぱり作り立てが美味しいんですね。ですから作り立てをお渡ししようと思ったら、そんなに数は……、はい、良い物はできないですよね。だからうちはお金儲けはできないんですよね、だから負担であることも確かなんですけれども。

将来の夢

これから先は、私が続けるんじゃなくて、結局次の世代でしょ。……うちの息子にとにかく好きなことをしていいと、だけど、思ってるほど（これは）悪い仕事ではないと。みんなで協力して楽しんで作ればいいみたいな感じですよね。

一応ここで仕事をしてますけれども、あと1つちょっと古い和風の家があって、すごく緑が綺麗なとこなので、季節の移ろいを楽しんでいただくみたいな感じでゆっくり来ていただければなと思うてるんですね。時間のある方は、お茶とお菓子食べていただいて、気に入っていただけたら持って帰っていただくと。

ライバルと協力会社

ライバルっていうのが、うちは不思議と。たぶんうちがものすごく大儲けをしてたら、みんな蹴落とそうとしはると思うんですけど、何処も支えてくれはるんですね。大きく立派にやってられるお菓子屋さんが、「道喜さんは別やし」みたいな形で、そうっと大事にしといてくれはるんですね。だからうちがもし何か機械とか使って、わあってやりだしたら、反対に叩かれるかも知れないけれども、すごい応援してくれはる感じはするんですね。

あの葉っぱがない時に、もう廻せへんかったらもう終わりなわけでしょう。だけど業者さんがうちへ廻してくれはるとか、みんな優しい。うちなんかは潰そうと思たらね、すぐ潰せるような店ですけど、材料屋さんも、何もかも。大事にしてくれはるような気はしますね。

■──「暖簾」の写真＝植田伊津子氏撮影（『和樂』２０１４年７月号より）

第Ⅱ部

千年企業の経営分析

第8章

長寿の要因

本章はアメリカのインディアナポリスで開催された2007年Association of Japanese Business Studiesの年次大会で発表した論文（Ito, Rose, & Westney, 2007）の一部を基に改訂したものである。

第1章から第7章で取り上げた千年企業7社は、個々にはそれぞれサービス業、製造業、飲食業等多業種にわたり、B2BやB2Cの異なったビジネスモデルを持つという違いがあるが、それと同時に非常によく似た点も数多く見出せる。この章では、まずCollis & Montgomery（2005）などに代表される、従来からMBAプログラムで一般的に使われている経営戦

図8-1　長寿の要因

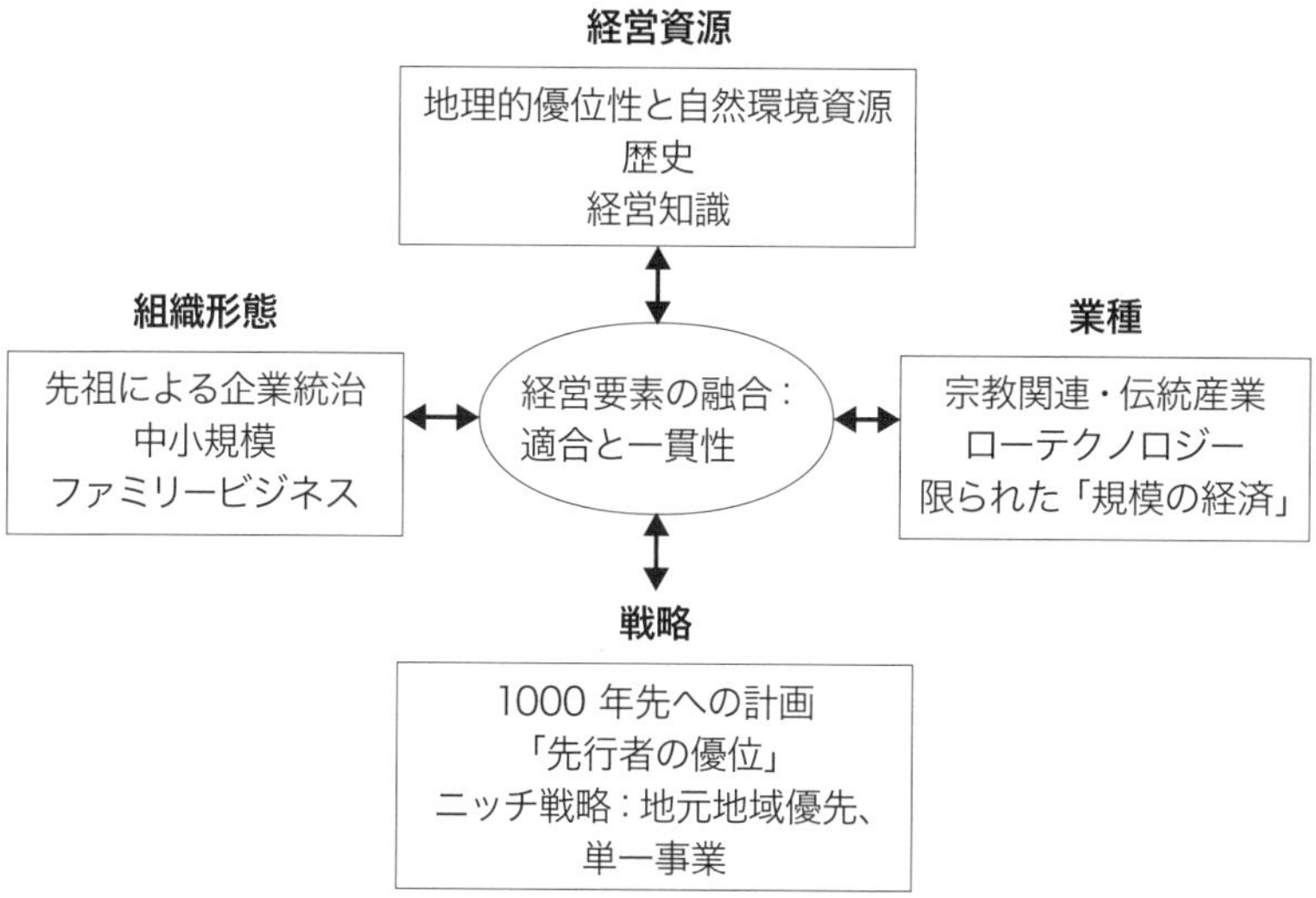

略分析モデルに基づき、長寿の要因を図8－1に示した。この図では「業種」、「戦略」、「経営資源」、「組織形態」といった4種類の主要要因を使って、各社に類似した特徴を要約した。以下は、それらの詳細について説明する。

業種

すべての千年企業は、ハイテクや超先端技術産業に属さず、地味な伝統的商品やサービスを主に提供している。O'Hara（2004）は、長寿のファミリー会社の特徴の1つとして、「人間にとって、基本的に必要なものを提供している」としたが、この研究で取り上げたすべての千年企業にも、これはそのまま当てはまっている。もっと具体的には、「飲食」（通圓、本家尾張屋、大徳寺一久、飛良泉本舗、川端道喜）と心と身体の「癒やし」（法師、田中伊雅）に関係したことに深くかかわり、それらが重複している部分も大きい。

コンピューターおよびIT関連のデジタル製品自体を最終商品としては扱っていないが、顧客に伝統的な商品やサービスを提供するために、それらの高度な技術をサポートシステムとして適宜活用している。過去には田中伊雅のように染色、塗装、冶金、彫刻等の分野で、その時代の最高で最先端技術の粋を誇る商品を売っていた場合もあった。しかし現在では、それらは特化した形で完成段階で技術的に製品を支えているが、製品自体は一般に考えられているような、ハイテク商品とは異なる伝統的商品を扱っている。温泉旅館、密教寺院用仏具、日本茶、蕎麦、精進料理、酒造、和菓子等は、みな元来は地域密着型のビジネスである。

千年企業では、少数ではあるが、同様に長い歴史を持つ顧客と古くからの深いかかわり合いが見られることが多い。たとえば仏教寺院や神社等の歴史的に社会的影響力のあった宗教団体や、茶道や華道のような伝統文化行事団体や、武家や皇室のような力の強かった政治団体を顧客に持つ。古くからの多くの信者を抱えた大きな宗教団体は、仏教に限らず総じて経済力が強いため（中島、２０１０）、多くの千年企業にとっては頼りになるリピーター客で、長期にわたって経済的安定基盤となってきた。

伝統と格式を誇る有力な顧客は、その伝統ゆえに、千年企業が作る商品に急激な革新を求めず、従来と同じものの提供を期待する。したがって先端産業のように、常にイノベーションを要求されることが少ない。このような伝統的業界は、堅実な低成長が特徴で、急激な変化はあまり見られない。

地域密着型ビジネスは、輸入外国製品との競争が少ないために、グローバル経済の影響が比較的小さいが、そのローカルな性格上、自ら海外進出を積極的に行ってきたわけではない。そこで産業自体が巨額投資をそれほど必要とせず、「規模の経済」に頼らない体質を持っていると言える。千年企業では、大部分の付加価値は労働集約的な作業によって生まれる。

酒造、飲食、旅館、和菓子業では、気候、水、農産物等の自然の恵みを活かし、素材が減少すれば、それに応じて製品の生産量を抑える（時には抑えざるを得ないために）エコ・フレンドリーな経営を続けてきた。自然環境に対して、いつも挑戦し続けるのではなく、自然環境と共に生きる「共生」の姿勢が、超長寿企業のすべてに見られる特徴である。

戦略

会社は利益を出すために運営される。利益がコンスタントに出なければ、会社は長続きしない。しかしすべての千年企業の当主は皆、利益を出すことは当然大事だが、利益の最大化だけが第1目標ではないと断言した。むしろ経営の目標は、次の世代が商売を続けることで、叶うなら次の1000年間続けて欲しいというものであった。つまり現代の経済経営理論に基づくような、経営の目標は企業価値を（今現在）最大にするのではなく、企業存続の最長化を目指すということが、調査インタビューの結果明らかになった。会社の長期存続のためには、利益を出し続けることが絶対に必要だが、千年企業にとっては、今期や来期の短期的な利益の最大化は第1目標ではないということである。

千年企業は、ニッチ戦略（棲み分け戦略）（Porter, 1980）を取っている。時間と労働力をかけて、手作りの付加価値の高い商品やサービスを手掛け、この付加価値の高さが、それぞれの会社の独特の差別化された商品に繋がっている。ニッチ戦略は、大量生産によるコストリーダーシップ戦略や、高差別化戦略と異なり、文字通り「すき間」商品で、単一の小さな市場の中で高利益を上げることを目標とする。千年企業は、このニッチ市場の中でもさらに小さな地元地域を中心とした伝統文化的商品市場を中心として、極端な棲み分け戦略に徹しているため、他の会社のように世界制覇を企業目標にはしていない。

千年企業は、ダーウィンの『進化論』のような競争淘汰原理に基づく生存競争を続けるよりも、棲む場所を分け合い環境適合による共存（今西、1976）を目指す、「共生」を基本とする。イメージとしては、経営環境を時には意図的にガラパゴス化して、外部からの競争をできる限り遮断することによって、市場占有率を高める戦略である。ただし、一時期の日本の「ガラ携」と呼ばれた携帯電話市場とは異なり、千年企業が生存するガラパゴス化した伝統文化的なマーケットはもっと小規模なものである。

さらに前述のように、これら千年企業の究極の目的は、家業を次の世代に繋ぎ、さらにその次の世代へと繋ぎ続け、

1000年先まで延々と続く事業を目指すことである。現代の経営理論では、「会社の価値の最大化」が経営者に求められる目標であるが、通常これは株主の富の最大化を意味する。その株主は、今現在生きている人間や活動中の組織なので、現在の富の最大化ということだが、千年企業にとっては、対象になる株主は現在の自分自身（オーナー当主）ではなく、1000年後の未来の当主世代の富の最大化ということになる。

この1000年先の投資回収というタイム・スパンは、今現在の千年企業のオーナー当主の経営方針全体に、重要な影響を及ぼしている。すべての経営活動が、1000年未来まで続くことを理論的前提とせず、第1目標として行われれば、経営者は今期や来期の株価や株の配当金額等の短期的業績をほとんど考慮しないこと、を意味する。これは、非上場のファミリービジネスにだけ許されることであり、過去の歴代の当主や先祖が積み重ねてきたのと同様に、これから1000年の未来を本気で見据えた経営姿勢が戦略の基本となっている。それに対して上場企業に投資する一般の外部株主は、その会社が1000年先まで存在し、その時に儲けているかどうかはまったく関知しないので、当然ながら、今現在の株価と配当金等の短期的業績に注目が集まる。

多くの千年企業の戦略上のユニークな点の1つは、いわゆる「先行者の優位（first mover's advantage）」(Lieberman & Montgomery, 1988）を活かし続けていることである。数百年前から御所御用を請け負ったり、神社仏閣と長期供給契約を結び、最初に交通の要衝や自然資源へのアクセスの良い場所に店を構えることで、「先行者の優位」を保っている。とくに注目すべきは、千年企業は500年以上も前からすでに先行者であり、それに伴う競争上の優位性を未だに保持し続けていることである。「先行者の優位」のような、20世紀後半になって注目された近代的企業経営戦略モデルが、500年以上も前からすでに使われていたと言える。古い伝統のある企業は、近代経営理論を先行してフル活用していたのである。

千年企業は、「先行者の優位」があっても、その商品やサービスが特化しているため、グローバル化や国際化どころか、全国展開もごく近年になるまでは少なく、料理や食品業（大徳寺一久、本家尾張屋、川端道喜等）では、限られた地元地域の客を中心に商ってきた。これが会社の売上や価値の最大化が第1戦略目標ではない、現状維持による事業の長期継続と結びついている。

利益（利潤率ではなく利潤の絶対額）の最大化の達成には、大規模なオペレーションが不可欠だが、そのためにはまず狭い地元地域だけでなく、日本全国や、さらには世界中のマーケットの顧客をターゲットにしなければならない。商品やサービスを大量に生産して販売するためには大規模な生産設備が必要となり、その準備をするには大規模な投資とそれに伴う多額の資金が必要となる。また、マーケティング、新商品の開発、販売網の拡張に伴い多数の社員の雇用とその福利厚生、社員教育や原材料供給先の確保等々、利益の最大化を目指すと、必要な資金や借入金も膨らむ。したがって、大規模なグローバル経営は、リターンも高いが、外部資金調達に伴う絶対リスクも当然高くなることが見込まれる。

千年企業は、この絶対リスクレベルを極力抑えることで会社の存続を追求し、それに伴うリスク回避が消極的投資に繋がり、小規模な経営で、リターンは低いがリスクも非常に低い、安定した地元地域密着型のローカル戦略を採用している。

経営資源

千年企業は、地元地域に密着したユニークな経営資源を所有している。「ヒト」、「モノ」、「カネ」、「情報」等の、現在一般に重要と考えられている経営資源に関しては、多くの当主が語ったように、お金のあり余っている所は少ないし、会社の規模が小さいため必要な人材が不足している所も多い。人的資源と財的資源の不足は、万国共通で大小にかかわらず、どの会社にとっても不変の悩みである。しかし超長寿企業からは製品やサービス等の「モノ」については、不足しているとは聞かれなかった。これはその商品やサービスは特化しているので、個々の商品の競争力が非常に高いためである。同時にその特殊性ゆえに、他の産業への参入や、国際市場への進出力を支えるような融通性や対応力は一般に低いが、特殊な単一事業内での１０００年の営みは、並外れて豊かな情報量や経営知識の蓄積となり、さらにそれがこれから将来同じ分野で生き残るための「知恵」となって受け継がれている。

事実千年企業の当主は、インタビューの中でひとりの例外もなく、自社の立場と業界の動向を的確に理路整然と説明されたが、それらは皆、現在の市場動向を歴史の流れの中から正確に捉えた上で、将来の予測とそれに伴って必要な戦略の組み立てがなされた鮮やかな解析であった。とくに自社の長所短所を客観的に分析した上で、具体的な次世代へ繋ぐビジョンは明確で、莫大な量の情報と代々にわたって蓄積された知識から生み出された知恵が、如実に表れていた。

「ヒト」、「モノ」、「カネ」、「情報」に加えて、千年企業は各々の長寿や「歴史」自体を競争力の原動力にしている。歴史そのものが時には最強の競争戦略武器になるという概念は、経営学の中ではこれまであまり研究課題として触れられてこなかった。長い歴史を持つ会社は、ありふれた古臭い商売をしているという負のイメージに繋がりかねないが、超長寿企業は、その「古さ」を逆に売り物にして前面に出している。

長い歴史と伝統は、自社が築き上げてきた信頼と信用のブランドそのものであり、新興企業には、絶対に真似のできない宣伝効果を発揮する。すべての千年企業が、長い歴史を他社との差別化に有効に利用しているが、その中でも田中伊雅、大徳寺一久、川端道喜等は、長い営業経験で得た知識資産を現在の製品に活かしてフル活用している。長い歴史は、伝統に縛られれば会社の成長への足かせとなるが、同時にその希少性ゆえに、独特の強い経営資産となり、戦略的武器にもなる。

またこれらの会社は、地下水、温泉、農産物、気候等の自然環境資源を使い、交通の要所や、最有力の顧客の近隣で、地理的経済的環境に即した商売をしてきた。つまり、売上や、利益を常に最大化し続けるための、有形経営資源という面ではそれほど恵まれてはいないかも知れないが、生き残るために必要な限られた資源を有効に活用しながら、どの資源が次の時代や次の世代に必要かということを的確に把握し、それらを活かし続ける努力をいつも続けている。重要な経営資源を保ち続けることができれば、どの会社も永く繁栄できるが、千年企業は限られた資源の中で生き残るために、必要なものを常に模索し、それらの経営資源を蓄え、使い続ける姿勢を保っているのが特徴と言える。

組織形態

千年企業の企業統治（コーポレート・ガバナンス）は、上場企業のそれとは大きく異なっている。練羊羹を発祥したと言われる旧駿河屋（和歌山市）のように、以前に上場されていたごく一部の例外を除き、千年企業はすべて非上場のファミリービジネスであり、その所有者はオーナー当主とその家族や一族である。したがって千年企業は、現在の当主（とその家族や親類）が所有しているものと法的には位置づけられるが、実際に統治しているのは、その家族の代々の先祖であるという形が見えてきた。今現在に決定しなければならない重要な経営判断に際しては、先祖代々が過去に行ってきたように、今も未来も先祖が築き上げてきたのと同じ考え方で、次の世代に家業を伝え続けるということが、「先祖による企業統治」の基本概念である。

伝統的な商品自体は、現代でもそれほど変わらないが、周りの経営環境が次々と変わり続けるので、経営内容をまったく何も変えずに1000年前の先祖が行っていたことを、すべてそのまま踏襲することは事実上できないことが多い。したがって、商品やサービスの生産プロセスは、バリュー・チェーン（Porter, 1985）の川上から川下まで、今現在の環境に適した形への切り替えが必要とされるが、それらの変革を行う時に、「先祖がこれまで如何に経営してきたか」、また「先祖なら、今この時点でどのような判断を下すのだろうか」、という自問自答をすることが、千年企業の当主にとっての根本的な判断基準となる。

組織の規模は小さなまま長く続いてきたが、これは「業種」の項でも触れたように、伝統を守り昔と変わらないことを求められる商売であるために、革新的イノベーションを必要としない、また多額の研究開発費や設備投資も要求されないビジネス分野であることに起因する。幾度もインタビューの中で出てきたように、千年企業は「細々と」1つの事業を続けてきたが、主な顧客が長く続くリッチで有力な組織や団体が多いため、「細々と」商っていても、千年企業の組織自体は非常に芯が強く、弱々しい印象はまったく受けない。通圓や飛良泉本舗のような、大きな顧客とB2B取引を行わず、小さな多数の一般客を相手に商うB2Cを主軸とする会社でも、需要がコンスタントにあり、固定費も比較的少ないため、「普通に」経営を続けていれば、一度に会社が突然傾くようなことはないという話がインタビュー時に何度も聞かれた。

「規模の経済」は、大量生産によって製品の単位生産コストが下がり、利益率の向上に繋がる現象で、いろいろな業種や商品生産に見出される。しかし千年企業は、その多くが比較的小さな組織形態で「規模の経済」をフルに活用せず、歴史的に見ると、少量少品種に絞った付加価値の高い商品を取り扱ってきた。

千年企業は、伝統的産業に属するため、現在扱っている商品やサービスをフランチャイズ方式等を用いて、会社を急激に大きくすることは難しい。レストランをフランチャイズ展開すれば、本家尾張屋の当主が語ったように、オーナー自らがすべての店舗を自分自身で直接監督することができないために、暖簾を守るために最も重要な品質管理が十分にできなくなる可能性が高い。また大規模展開すれば、経営資源の項でも触れたように、地下水、温泉、気候等の自然資源を地元を離れては活用できず、本来の高品質な商品提供が不可能となる。そこで積極的な増産や拡大戦略は取りづらく、古来からの事業ポリシーに沿わないため、小規模な地元密着型の組織形態に落ち着いた。

この伝統を守り続ける小規模な組織形態は、今現在の利益最大化ではなく、将来1000年先の運営を目指すオーナー当主の意向と一致し、バランスの取れた合理的な企業統治を作り上げ、絶対額としては超高収益ではないかもしれないが、「細々」ながらも確実に超長期にわたって利益を生み出し続けるシステムを支えている。

長寿要因の相互関係

千年企業の複数の長寿要因（業種、戦略、経営資源、組織形態）の相互関係は図8－1の中心部に表される。業種は単一事業で地味でローテクノロジーに属し、仏教寺院との提携が強く、規模の経済をそれほど必要としない。戦略は1000年未来を見据え、数百年以上前に得た「先行者の優位」を保ち続け、グローバル市場ではなく、地元地域の限られたマーケットを中心にして、たとえ高い利益が見込まれたとしても異業種参入や、多角化をしない。経営資源については地元の自然環境資源を活用し、長い歴史自体を武器に培われた情報、知識、知恵をフルに活かして日々の営業を続けている。組織形態は先祖が強い影響力を持つ独特の企業統治を土台にして、小規模な家族経営を長く続けてきた。

これらの業種、戦略、経営資源、組織形態は、個別に見ると、ごく単純で目新しさはないという印象を受けるが、それらはすべて合理的に繋がり絡み合い、千年企業の経営に互いに融合しながら矛盾なく組み合わさっている。少数だが安定した顧客や、供給先との関係も長く続き、周囲の自然環境や天然資源の活用を通じて、それぞれ独自の企業エコロジー（生態系）を作っている。

この企業生態系は、経済活動集団としては、たとえば大企業の企業系列に比べて、概して小さく国際的にも超有名とは言いがたい。国内でも比較的地味な存在が多く、地元地域を中心に活動しているが、顧客やサプライヤー関係は数百年続くものもある。とくに顧客は、皇室、仏教寺院、茶道等の大きな伝統的政治文化団体が目立ち、多数の小さな一般客を中心とする千年企業でも、地の利を活かした経営をしている。

超大型投資が必要な大規模装置産業ではなく、高成長を続けるハイテク製品を売る事業でもないため、千年企業は莫大な利益を上げ続ける仕組みを持っていない。したがって、そのマーケット自体には、高利益を求める他社にとって、新規参入するだけの魅力は少ない。その上、商品やサービス自体が、歴史や伝統に培われた知識のような、独特で他社には真似のできない経営資源に頼っているので、外部の会社にとって、新規参入障壁は非常に高い。高利益を見込めない上に参入障壁の高い、しかも小さなローカルマーケットにわざわざ参入する会社は少ないので、千年企業が形成する企業生態系は寡占状態となる。この寡占市場では、市場が小さく、その上低成長のため、千年企業は国際競争から隔離された生態系の中で、常に安定した収益を確保してきた。グローバル企業と千年企業の戦略の違いについては、第12章で改めて詳しく述べる。

千年企業の長寿の要因を突き詰めれば、1つ1つの要因には真新しいことはあまり見当たらず、逆に現代のビジネススクールで、一般に教えられていることとは逆の方向を向いた事項も多い。たとえば利潤の最大化ではなく次の世代へ繋げ、ハイテクノロジーを求め続けずローテクノロジー産業から外れず、広告をするな、大量生産をするな、多角化はするな等々の方針は、その端的なものである。

しかし図8-1に見られるように、これらの長寿の要因を全部組み合わせると、それぞれの要因がピタリと優雅に納まり、同時に互いに融合しており、その適合と一貫性が、確実に超長寿を維持し続けるシステムを構成している。このエレガントなシステムの根底には、外部の経営環境変化に対して、簡単には左右されない、独自の経営スピードとリズムが脈打っている。

それではこのユニークなシステムはどのような過程を経て構築されたのだろうか。次章ではこの点について考察する。

第9章

戦略の歴史的形成過程

環境変化

この研究で調査対象とした千年企業は、他の多くの会社と同様に、それぞれがさまざまな困難を乗り越えてきた。たとえば応仁の乱（1467~1477年）は、川端道喜には御所とその後400年近く続く顧客関係をもたらした大きなビジネスチャンスであったが、本家尾張屋にとっては、その創業直後に京都が焼け野原になったために、大変困難な時期をもたらしたと伝わる。飛良泉本舗もその初代の当主が、現在の大阪府泉佐野市から秋田県にかほ市へ移住した理由も、この戦乱から逃れるためだったと語られている。

戦国時代を経て江戸時代になると、戦がなくなり平和だが、経済的には大きな景気変動が幾度もあり、経営環境は不安定な時代でもあった。その後、明治、大正、昭和、平成、令和時代になっても景気変動と経済環境の変化は激しく、好不況を事前に正確に予測することは困難なため、すべての企業には、短期、中期、長期の事業・経営計画の練り直しが常に要求された。「細々と」という表現に凝縮される千年企業の長寿戦略は、最初から確立されていたのではなく、その長い歴史を通じてさまざまな要因が影響を及ぼして次第に形成され、各社に共通に見られるようになった。ここでは戦略の歴史的形成過程を経済的、社会制度的、心理的刷り込みと、連綿と伝えられる組織の記憶という要因に分けて考察する。

経済的要因

江戸時代は一般に地球全体が寒冷期に入っていたと言われるが、寛永、享保、天明、天保期に代表される大きな飢饉が冷害等によって発生し、それに伴う農作物の収穫の減少により、日本の人口が大きく減少するほどの被害をもたらした。江戸幕府と各諸藩の財政は、主に米作を中心とする農産物の収穫販売に頼っていたため安定した収入が確保できず逼迫し、その上、財政危機の際にも互助システムのない独立管理制度であったため、幕府や諸藩は飢饉や農作物の不作のたびに、財政危機に見舞われた。

この米本位制の貨幣経済システムでは、農産物の生産地と江戸、大坂、京都といった大消費地が分離し、また資金調達もその流通を担う商人による大名貸しで行われるようになったが、たび重なる飢饉は大名の恒常的な大幅借入状態を作り出した。そこでしばしば返済不能に陥った大名による、借入金の踏み倒しが起こった結果、大商人でも莫大な貸付金の焦げ付きにより商売が取り潰される事態が頻繁に発生した。

これは士農工商という江戸時代の封建制度の下では、商人の財産所有権が不安定であったためである（中井、

1990、280ページ)。享保年間(1716〜1736年)に三井家の三井高房も『町人考見録』の中で、30の倒れた商家の例を挙げて、大名貸しは「博奕のようなものである」として、その危険性を強調している(竹中・川上、1965)。経済的に大成功を収めても身分が低く社会的制度基盤が弱かったため、商家はその成功のゆえに武士層から(商人にとってはさらに儲けることのできる)資金調達を依頼されたが、各藩の財政状態によっては、後にそれが商家の命取りになるということが繰り返された。

これらの例は大名貸しをしていない、他の商人達にとって貴重な反面教師となった。したがって、経済的にどんなに良いビジネスチャンスがあっても、リスクが高ければそれをあえて封じ、目立つ大儲けを避けて、薄利でも着実な商いをするのが、商家にとって生き残る確率を高める方法であった。長い封建時代に起こった、このような「儲けすぎ」による自己の破滅の多数の例は、究極の経済的成功の結果の現実的な末路の1つとして、千年企業のその後の経営戦略方針に大きな影響を与えたと言える。

幕末から明治初期にかけても、政治の変わり目とともに経済成長期と混乱期があり、数多くの富商が閉店、没落、倒産を余儀なくされた(菅野、1927、196‐197ページ:竹中・川上、1965、301‐304ページ:宮本、1968等)。20世紀に入っても、大戦景気(1915〜1920年)等で資本の集中が進み、目覚ましい経済発展があった一方で、戦後恐慌や大恐慌が次々に起こった混乱期もあり、会社を取り巻く経済環境は常に激しく揺れ動いていた。第2次世界大戦までに旧財閥が巨大化し、多角化を進める一方で、千年企業は小規模ながら、自身の企業生態系を守り続け、景気の波の激しい非常に不安定な経営環境の不透明さを排除する戦略を取った。これは時には不利な経済環境に対しても「細々と」、しかし着実に営み続ける戦略的柔軟性を持つことで生き残りを図るという、共通に見られる方針である。

社会制度的要因

江戸時代には、武家による大名貸しの一方的な債務放棄という経済的要因の他に、富裕商人はその繁栄のゆえに、封建社会制度の面からも大きな制約を受けた。ビジネスが繁盛すれば古今東西を問わず、その成功は世間からの注目を集める。一部の商人の繁栄が脚光を浴びる一方で、封建制度下の江戸時代には幕府や大名家の財政悪化に伴って、天保の改革、享保の改革、寛政の改革等の時に、奢侈禁止令が数多く出された。その対象は武士だけではなく、すべての庶民の日常生活にも及んだ。

川端（1990）によると、

「江戸時代において分限者というのは、わりに潰されているんです。それは幕府に目をつけられたら、なんだかんだと因縁つけられてどうしてでも潰そうと思えば潰せるからです。だから『奢侈禁止令』に違反した贅沢であるということで闕所になってみたり、ちょっと絹の着物着てゾロっと歩いたら、それで全部没収になったりするんです。だから京都人にはそういうことを控えめにするような習性がついています。……商売というものは、毎日食べていけて、それも贅沢しないで非常につつましく食べていける程度に儲けて、そして後の時間はできるだけそういう生活文化に使って人生の肥しにしようというのが京都人の意識だったんです。」（143‐144ページ）

「また当時の町人なんてものは、これは京都に限ったことではありませんが、一代で儲けたりすると、もう難くせつけられて財産を没収されたり潰されたりするので、逆に目立ったことをしなければなんとか生き抜ける。」（182ページ）

経営の目的は金を儲けて繁盛することであり、富を築いて成功することは誰もが望んでいる。模倣的同型化(mimetic isomorphism）は、成功者として認識されている先行する組織を後追いし、同様な模倣をすることで自らを成功へと導くという概念である（DiMaggio & Powell, 1983)。

しかし、巨万の富を築いて先行する成功した商家（当時の勝ち組）が、その繁栄のために為政者から逆に目を付けられ、たとえ大名貸しをしなくても絹の着物を着て外出する等、ほんの少し目立ったことをしたために、武士によって取り潰される例が数多く起これば、極端な成功は完全な失敗となり、後追いの商家は同じ轍を踏むリスクを冒さなくなる。そのため、為政者である武士から目を付けられない程度に、極めて慎重に、しかししたたかに生き延び続ける商家が究極の成功者として模倣されるようになり、その結果「極端な成功を避ける」という模倣的同型化が起こったと言える。このように、直接に経済的打撃となる債務破棄の他に、士農工商という封建的身分制度も「商」に属する千年企業の長寿戦略の形成に関与している。

心理的刷り込みと組織の記憶要因

一般に人の記憶は短期間で失われがちで、長く続いてもその人1代で失われるが、ファミリービジネスにおいては、数世代や数百年以上続く「組織の記憶」を見出すのは、それほど珍しいことではない。たとえば高祖父（4代前）

が経験した自他の経営危機や、ビジネスチャンス等の重要な事件が、2代後の祖父が子供の頃に語り伝えられれば、それが現在の当主の子供に、100年以上前の経験として伝承される。

由緒ある伝統的ファミリービジネスでは、一家の古い歴史が「組織の記憶」として残り、「記憶の刷り込み」が歴代の当主に代々受け継がれる。またこの「組織の記憶」を有効な資産として持ち続ける老舗が千年企業であると言える。この研究で行ったインタビュー中に、多くの千年企業の当主達は、その先祖が何百年も昔に体験したことを、歴史的に有名なエピソードも織り交ぜて、ごく最近に起こった出来事のように生々しく語られた。

「組織の記憶」の「心理的刷り込み」は、良い経験も悪い経験も含めてファミリービジネスでは日常的に行われ、この刷り込まれた過去の記憶も、経済的要因や社会制度的要因に加えて、千年企業の現在の企業戦略と経営方針の形成に影響を及ぼしている。数百年前からの「組織の記憶」が顕著に現在の企業戦略の根幹に関連している例は、これまでにあまり見出されなかったことである。

長い間に築き上げられた経営システム自体が戦略の変更を容易に許さなかったことも、千年企業にどちらかと言えば「受け身」の姿勢を続けさせる要因となった。180度の経営方針の変更ではなく、ごく一部の部分的経営転換を行おうとしても、それは自社内のすべての他の経営システムに連動しているため、部分変更がすなわち全面的システム変更になりかねない。先述のように、すべてのシステムが「細々と」した、しかし着実な経営を継続するように構築されているためである。この経営の基本スタンスが、変えたくてもなかなか変えられない仕組みになっているため、時には組織の記憶が時代遅れとなっても、環境変化につれて必要な組織的対応が遅れやすいという、多くの老舗に見られるような負の側面として現れてくるとも考えられる（帝国データバンク、2009、27ページ）。

本章では千年企業の基本的経営戦略の歴史的形成過程を「経済的要因」、「社会制度的要因」、「心理的刷り込みと組織の記憶要因」というさまざまな観点を通して探ってみた。次章ではそれではなぜ「細々と」に形容される経営方針が、長い間変わらずに伝えられているのかについての疑問を、「組織の恒常性」という視点から考察を試みることとする。

第10章 恒常性

あらゆる生命に共通する一般的な特徴として、自己複製と恒常性（homeostasis）が挙げられる。多くの企業も自然界の他の生命体と同様にスピンオフ（分社）という形で自己複製を行う（Ito & Rose, 1994：Ito, 1995）。恒常性は千年企業の経営システムの根幹となる特徴の1つであり、これは他の、たとえば上場企業のような利益の最大化を目的とする会社の性格とは一線を画しているものである。

恒常性とは修復機能のことで、元来はさまざまな環境変化に対応して、生物がその内部状態を一定の状態に保ち続けようと調節する傾向である（Cannon, 1929）。生物の体内においては、たとえば人間の体の組織や臓器は、同じ形で一定の状態を保っているため、外からは動きがないように見えても、人体内部では機能を失ったり古くなった細胞を新たに供給したりして、常にこの調節機能が人体を維持し続けている。

恒常性の研究は生理医学を中心に進んだが、経営学ではこの概念を中心とした研究は比較的少ない（Regev, Hayard, & Wegmann, 2013）。例外としては、「恒常性」という言葉は直接使われていないが、オペレーション・リサーチの分野で、統計的コントロール手法を用いて、在庫管理、生産管理、品質管理等の分野で、「経営管理状態を一定に保つ」という目的でその概念の応用は広く見られる。

しかし企業戦略の分野では、この「会社自体を一定の状態に保ち続ける」という考え方を用いれば、それは会社が大きくも小さくもならず、進歩や進化がないということを示唆し、売上や利益を増やすという会社経営の大前提に矛盾する可能性がある。もし会社が利益を一定の割合で、コンスタントに増加し続ければ、それは恒常性を保っているというよりも成長の証であると捉えられる。

生物の恒常性

生物は、もしその個体が際限なく常に成長し続ければ、巨大化しすぎて生き続けることができなくなる。いずれどこかで適当なサイズに到達した後、恒常性が機能しなければ長寿は望めない。人間が形成する会社組織も同様で、もし会社が際限なく猛スピードで膨張し加速し続ければ、「規模の不経済」が生じて、その成長スピードを減速しなければシステムを保持できず、遠からず破綻する可能性が高くなると考えられる。

生物における恒常性は、外的や内的要因によって、ある程度の環境変化が起こっても、体の働きを一定の幅に収め、均衡状態を保つ働きを指す。一例を挙げれば、気温が上昇すると人体は発汗し、その汗が蒸発する時の気化熱（液体物質が気体になる時に周囲から吸収する熱）が体温を下げ、また反対に寒くなると代謝を上げて、体温を下げすぎないようにするシステムが相当する。他にも恒常性の例は数多くあるが、このような一定の範囲内で生命の維持を図るメカニズムという生物学からの概念は、経営学では先に触れたように、生産、品質管理、インベントリー・

コントロールやコントロール・チャート等のオペレーション分野ですでに応用されている。

経営学における組織の恒常性

Batista, Ng, & Maull（2013）は、現在の目まぐるしく変わる経済環境において、組織は恒常性的（homeostatic）変化や、破壊的（disruptive）変化で適応すると述べている。破壊的技術や破壊的イノベーション（Christiansen & Raynor, 2003）が起こると、会社はそれに対し減衰的（attenuation）戦略や、増幅的（amplification）戦略を用いて対応する。そのうち、減衰的戦略は、均衡状態を保つために組織の恒常性的変化を通じて、組織自体の急激な変化を和らげる。それに対し、増幅的戦略は組織自体の急激な変化や適応を通じて、破壊的な環境変化や技術変化を増幅することを目指す。

このように新しい技術、イノベーション、ビジネスモデル等の導入は、ダイナミックな不均衡状態を組織にもたらすが、その新しいビジネスモデルが有益なら、組織はまず一時的に不均衡に対して適応をして、その上でさらに恒常性的適応を重ねて、均衡状態に戻ると仮定された。Batista ら（2013）の研究では、修復と安定均衡という恒常性の持つ2面性が、企業においてイノベーションがもたらす変化の過程の説明に織り込まれている。

Regev, Hayard, & Wegman（2013）は、恒常性は、生物学ではなぜ生物が存在するのかという問いに答えるために用いられるが、ビジネスモデルにおいては、なぜ組織が顧客に最大の価値を提供する能力が低かったり、また変化を渋る傾向があるのかという説明に使っている。誰でも慣れ親しんだ習慣的手続きや、仕事手順や行動が妨げられるのを嫌う傾向があるが、Regev ら（2013）は、組織の変化に対する拒否反応は組織行動における根本的な力で、それは新しいビジネスモデルの導入に際して、成功か失敗かを決定する要因だとした。具体的には組織の境界は、生物の皮膚に相当し、各部署や財務、人事、営業、製造部門がそれぞれの内部環境の均一性を保つようになっている。そのため何らかの変革を目的とする新しいビジネスモデルの導入は、恒常性を求めるために作られた組織内部とは相容れない結果となる。

外部環境には、株主、顧客、サプライヤー、各規制団体等があり、外部からもたらされる変化は情報、カネ、エネルギー、モノという形で組織内部に入ってくる。恒常性は、変化がもたらす結果の是非にかかわらず、同じ状態を維持する傾向であり、この同じ状態が組織にとって、結果的に良いか悪いかに関係なく働き続ける。

Regevら（2013）によると、元来ビジネスモデルの研究では、組織は新しいビジネスモデル（変革）をただ単に受け入れ、組織には根本的に無限の適応能力があると仮定してきた。しかしこれは日常観察されるように、短期間しか活動していない組織にさえ見られる、変化に対する大変強い抵抗メカニズムの存在に合致しない。すべての組織は、外部環境と内部環境とのダイナミックなバランスを取って、それぞれの特定の状況に適応しようとする。内部環境をそれとはマッチしない外部環境に無理やりフィットさせるのは非常に難しい上に、この組織が持つ変化に対する抵抗力を考慮せずに、新しいビジネスモデルを導入するには困難が伴う。組織に見られる恒常性は経験則による仕組みで、組織が生き続けるために変化に抵抗する理由を説明する。それは、生存するために必要なメカニズムであり、これは組織内に矛盾を生むが、この存在を認めることが必要であるとRegevら（2013）は説明した。

船橋（2003）も強調しているように、経営学では理論上、企業を「ゴーイング・コンサーン」として永続的に続くものと仮定しているが、この仮定には、現実にはさまざまな制約が発生する。利益の最大化を求めて企業が急成長し膨張し続ければ、その成長過程で他企業を圧倒し、ついには独占状態となる。しかしこの状態は多くの産業や国で独占禁止法に抵触し、1企業による産業の完全支配は一時的にはその企業にとっての利益の最大化となるが、長期に及ぶ完全な独占は事実上実現不可能となる。組織内部の管理においても、「規模の経済」や、事業の多角化による「範囲の経済」、さらにイノベーション等により営業効率を高め、製品の1単位当たりのコストを削減し続けて組織が巨大化しすぎると、逆に取引費用が大きくなり、それぞれの「不経済」が発生する。

Coase（1937）に基づく取引費用理論では、組織の規模はその取引コストのバランスによって決まるので、1企業が際限なく膨張し続け、いずれその企業が世界中のすべての産業を独占するという事態は起こり得ない。このように内外の諸条件によって、空間的に限りのない膨張や成長が制限されるのは、生物も組織も同様である。企業という経済組織も人間が作るものなので、会社のシステムには自然界の生物の持つ生命システムに非常に似た点が多く認められる（Ito & Rose, 1994）。組織の恒常性もその1つの例である。

千年企業の恒常性

企業生命を維持し続けるという目的があるため、千年企業は生物と同様に、能動的に恒常性を維持しているように見受けられる。企業経営において恒常性を維持するということは、変化をしないであまり大きくもならず、かといってそれほど小さくもならずに、常に現状維持に努めながら経営をし、均衡状態を保つことを意味する。これは利益の最大化を求めて営業を常に拡大し、元の状態への復元回帰が目標ではない、一般の会社の戦略アプローチとは異なる。恒常性により、そのままの均衡状態を維持し続けるのは、先に述べたように千年企業の経営者や所有者の基本理念である。

ここで取り扱っている千年企業は、現代経営学理論の先駆けの1つであるアダム・スミスが『国富論』を著した1776年よりはるか以前から存在している。現代の企業経営学も、近代の企業が発生した後になってから成立した（琴坂、2016）。同様に日本における経済思想も、主に江戸時代以降に発展したので、経営学や経営理論は、1000年の歴史を持ってはいない。

千年企業は、現代の経営学の発生以前から存在するので、すべての千年企業の経営を現代の理論体系にそのまま当てはめることは難しいかも知れない。いわゆる超老舗の経営方針は、現代の理論とは若干違った方向に向かっていて、恒常性というどちらかと言えば後ろ向きの性質を持っているにもかかわらず、他の会社よりもはるかに長く営業し続けている。

この章では、恒常性という概念を主に組織内部で起こる回復修正機能の説明に用いたが、千年企業においては組織の外部環境を一定の状態に維持し続けるという働きもしているという形でも恒常性が機能している。会社は常にさまざまな外部環境要因に影響される運命にあるが、それに影響され続ける限り、常に内部環境を順応させフィットさせる必要がある。しかし、恒常性によるコンスタントな内部組織システムの変化や修復は、莫大なカネや人やモノ等の組織エネルギーを消費する上に、この内部変化や修正はいつもうまくいくとは限らない。最悪の場合には、内部システムの変更に伴いシステムの不具合が発生し、会社が続かなくなる事態も起こりうる。

これに対し、もし外部環境自体の変化が少なく、その影響が少なければ企業も常に大きな変化や変革をし続けなくて済む。伝統的な事業だけに集中し、顧客を少数だが経済的に安定したリッチで、しかし変化を望まない組織（寺院、皇室、伝統文化団体等）や、小さくても常に一定の需要がある消費者に絞り込むことで、外部環境を安定させる千年企業の戦略は、外に向かっても恒常性を持たせていると見ることができる。これが第8章の終わりで述べた企業エコロジー（生態系）の形成に繋がっている。つまり千年企業の経営システムは、他の企業に比べて、恒常性を内外ともにより強く持ち、したがって自然界の生物により近い形で生命体と同様に「生き続ける」という性格を持っている。

第11章

経営危機に瀕した千年企業

経営危機

第1章から第7章では、現在（21世紀）まで続いている千年企業の特徴とその経営方針を探ったが、本章では、それらの例とは対照的に500年以上続いた後に、会社分割、事業譲渡、倒産、破産、廃業、創業家の経営権の（一時的な）喪失等の例を取り上げる。平成期（1989～2019年）は、バブル経済崩壊後の困難な時期であり、数多くの100年以上続いた老舗が経営破綻したが、500年以上の歴史のある超老舗の完全な消滅は少なかった。ここでは21世紀に入ってから報道された、千年企業4社の事例を検討するが、このうち3社は経営危機に瀕したが、会社組織や所有形態の変更等を経て事業を再開したり継続したりしている。

金剛組（伝飛鳥時代・578年創業）

金剛組は、大阪市天王寺区四天王寺で寺社建築を主力とした建設業を営む。飛鳥時代の578年に聖徳太子から、大阪の四天王寺建立を命じられたひとりである初代金剛重光を祖とし、世界最古の会社と一般に言われている。金剛（2013）によると、宮大工として神社仏閣の建築や文化財建造物の復元修理等の特化した建設事業を1400年間営んできた。過去にも昭和恐慌（1929～1931年）等、幾多の経営難を乗り越えてきたが、2005年に大阪の高松建設株式会社（創業1917年）の傘下となった。

金剛組はバブル経済崩壊後、事業拡大を目指したため、本来の木材を使った建築を主力にせず、社寺以外のマンション建設等の高成長の一般建築を請け負い始めた。1998年から1999年頃には、売上の6～7割が社寺以外の建設であった（金剛，2013，123ページ）。しかしそれは他の競合する建設業者に比べて、金剛組には不得手な分野であり、大手総合建築業者の圧倒的なサイズに太刀打ちできるものではなかった。前出の他の千年企業とは異なり、バブル経済崩壊後の「事業拡大」という新たな戦略は、1400年続けてきた社寺建築という本来の路線からは大きく外れた方針であった。

高松建設の完全子会社になる以前は、一般建築の受注に際して大手建設会社に対しては、仕入れや工事費の価格競争では対抗できなかったため、赤字受注が増加した。また、本来の社寺建築においてもコストが掛かり、次第に借入金が増加し経営難に陥った時、高松建設の支援を受けた。その100パーセント子会社になった時、当時の40代目の社長が引責辞任し、経営権が金剛家から移った。旧金剛組の資産や、従業員の大部分は新しい金剛組に引き継がれた。その会社形態移譲のプロセスは、金剛（2013）に詳しく述べられている。

法師（伝養老2年・718年創業）

第1章で考察した法師は、1951年に有限会社善吾楼として法人化したが、この研究の調査インタビュー（2006年）後に経営難に陥った。インタビューの中でも法師氏が述べられているが、近年になって行政指導により、建物を鉄筋化したり、新たな設備投資が要求され、それに伴って多額の借入金が必要となった。その後バブル経済崩壊後の不況に伴う加賀温泉郷（粟津温泉、片山津温泉、山中温泉、山代温泉）の年間宿泊者数が半減したため、法師もその影響を受け売上高が落ち込み経営難になった。

2017年にいわゆる「第2会社方式」を取り、有限会社善吾楼は、会社を分割し「法師」の温泉旅館事業を新たに株式会社善吾楼に譲渡した。第2会社方式とは、財務状況が悪化している中小企業の収益性のある事業を会社分割や事業譲渡により切り離し、他の新設あるいは既存の法人（第2会社）に継承させ、また不採算部門は旧会社に残し特別清算等をすることにより事業の再生を図る手法である（デロイトトーマツ、n.d.）。

その後2019年に旧有限会社善吾楼は株式会社ゼットと改名し、2020年に大阪地方裁判所から特別清算開始命令を受けた。法師にとって不運だったのは、それまでは無借金経営だったが、設備投資や建物の改築のための借入金が必要になったタイミングが、加賀温泉郷だけではなく、国内旅行、とくに日本旅館のマーケット需要が大幅に減った時と重なったことである。この点は、たとえば同じような全体の需要減少を経験した日本酒の飛良泉本舗とは異なり、借入金の返済が不景気の時期に大きな固定費用となって返済が追いつかず、キャッシュフローが恒常的にマイナスとなったことである。

ただ幸いに、金剛組や次の総本家駿河屋および川口分店と異なり、創業家が経営権を失ったり、事業停止、あるいは完全な破綻には至らなかった。現在も「法師」の旅館事業は新株式会社善吾楼の下で引き続き行われている。改組以前に比べてサービスの質は下げずに宿泊料金を引き下げて、客の増加を図っている。

同じ時期に、法師に代わって2011年から新たに世界最古の宿としてギネスブックに掲載されている、山梨県西山温泉の慶雲館も温泉客需要の落ち込みとともに設備投資負担が大きくなり、赤字経営に陥った。2017年に会社分割をして、第2会社である西山温泉慶雲館に温泉旅館の営業が引き継がれ、新たに53代目の当主は創業家以外から迎えられた。元会社は2019年に清算されたが、経営難に陥った理由やタイミング、さらに会社分割による営業存続の手続きも法師と似通っている。

総本家駿河屋（伝寛正2年・1461年創業）

和歌山市駿河町の総本家駿河屋は、初代岡本善右衛門が始めた煉り羊羹で知られた和菓子屋である。1953年に店頭銘柄となり、1961年に東京と大阪証券取引所2部にその株式を上場した、日本で最古の上場会社であった。しかし2004年に当時の社長を含む経営陣のトップが、株式市場規則違反と不正架空増資の疑いで逮捕され、東京と大阪の証券取引所から2005年に上場廃止となった。上場後、無借金の堅実な経営をしていたが、バブル経済崩壊後に消費が低迷し、業績の悪化に伴って株価が下落したため、株式の時価総額が10億円未満となり、上場廃止基準に抵触する可能性があったが増資ができず、架空増資が行われたと報じられた。

上場廃止後も、総本家駿河屋は営業を継続したが、信用悪化のために経営はさらに低迷し、２０１４年に経営破綻し営業を停止した。その後、債権者や外部出資者の協力を得て、新しく設立された「株式会社総本家駿河屋」の社長に創業家の21代目が就任し、規模を縮小して営業を再開した。

加護野（２００５）によると、

「……一般的には、株式会社は、企業を永続的事業体として存続させるための重要な手段だといわれている。長寿企業は、法制度としての株式会社の制度を採用しているが、そのもっとも大きな長所である上場による資金調達はしていない。……上場は企業の長期的な存在にとってかえってマイナスだといえるのかも知れない。なぜそうなるのか。上場によって資金を得てしまうと、無駄な投資をしたり無理な拡張を図ったりしがちである。企業の中で始末が出来なくなってしまうのだろう。駿河屋の悲劇への道は上場の段階から敷かれていたというべきなのかも知れない。」

上場会社に対して、一般投資家や株主は、株価と配当金の上昇を望むが、和菓子という商売だけでは、好景気な時でもさらなる飛躍的な売上増とコンスタントな利益の増加は難しい。旧総本家駿河屋では、自社株上場によって、数字作りというマネーゲームに強制的に参加することとなり、それが需要の急激な増加の見込めない、伝統的商品とのミスマッチを生み、破綻を引き起こしたと言える。

川口分店（伝文明2年・1470年創業）

川口分店は、長崎県五島市の九州最古と言われた会社であった。塩田事業で創業し、その後酒造や味噌製造を経て、1940年に合名会社を設立した。近年は食品スーパーマーケットの「まるかわストアー」を営業していたが、大型スーパーマーケットの近隣への進出で経営難に陥り、2011年に破綻したと報じられた。

塩、酒、味噌製造の事業は、前出のいくつかの千年企業が取り扱っている商品やサービスによく似た伝統的食品産業である。川口分店による、これらの伝統的食品製造から、地域限定型の一般食品の小売販売という事業への移行も、バリューチェーンの中で繋がりのある、ごく自然で、理にかなった経営の方向転換と見ることができる。しかし結果的に一般食品スーパーマーケットの、総人口約3万9000人の福江島という限られた地域内での独立営業という形態のため、大型スーパーマーケットチェーン店に比べると、「規模の経済」の面で太刀打ちできなかったと思われる。

川口分店は、他の生き残った千年企業と比べて、最近年の主力事業が特化した分野ではなかったため、その事業や産業の参入障壁が低く、大企業と商品がまともにぶつかり合う直接競争となった。それに加えて、競争力の基となるような優位性を持つ独自の商品を揃えておらず、他の会社でも販売可能な一般的な商品が主力であったため、他社との競争が、規模に頼るだけの勝負となってしまった。したがって、とくにリスクの高い経営をしていなかったにもかかわらず、環境変化によって総合的競争力を失い、営業を続けられなくなったと考えられる。

経営危機の共通点

金剛組、法師、総本家駿河屋、川口分店の4社の経営危機問題に共通しているのは、それぞれの経営環境が変化したために、第8章で挙げた他の千年企業が守り続けてきたような、確固たるポリシーが失われ、それが経営悪化の引き金になったという点である。

金剛組は事業拡大のために1400年続けてきた社寺以外の一般建築を主力にしたが、大手建設会社に対してコスト面での競争力がないため、無理な赤字受注が借入金の増加に繋がった。法師ではその段階では必要であった設備投資等のための借入金が財務リスクを高め、マーケット全体の需要が縮小した時期と重なり、経営状況を悪化させた。旧総本家駿河屋では、事業拡大を目指して行った株式上場の結果、一般投資家の思惑（株価の上昇による富の最大化）と伝統産業の宿命ともいえる低成長産業の事業とが一致せず、上場条件を満たすための架空増資が行われ、その後の売上減による業績悪化により破綻した。川口分店のケースでは、近年の主力事業（食品スーパー）の参入障壁が低くなり、大手スーパーとの直接競争になったが、同じ一般食品を販売していたため、商品の差別化戦略を取ることができず、価格競争力がなかったために破綻した。

この4社のケースは、他のすべての会社と同様に、たとえこれまで500年以上続いてきた企業においても、これからもいつも安泰な環境で経営を続けられるという保証はどこにもないという現実を示している。金剛組、法師、総本家駿河屋は、組織形態を変えて事業の存続や再開が果たせたが、川口分店は、営業を続行できなかった。川口分店のケースでは、競争環境が大手の会社の参入で突然非常に厳しくなったが、その経営環境を変わらないように維持し続けるのは、現実には大変難しかったと推定できる。これらの環境変化が実際に避けられるものだったかどうか、あるいは戦略を変えて競争を避ける、たとえばニッチ戦略にすぐに転換できたかどうかについては議論の余地があり、事前に有効なアドバイスを出すことは難しい状況であったと捉えられる。しかし結果的には4社ともに、「大きくならず」、「積極的な投資を避け」、「多角化せず」、「直接競争をできるだけ回避する」という、千年企業共通の経営原則から（やや）逸脱したために、運悪く経営危機に瀕したと考察できる。

第12章

グローバル戦略とローカル戦略

本章は2008年にイタリアのミラノで開催されたAssociation of Japanese Business StudiesとAcademy of International Businessの年次大会で発表した論文（Ito & Rose, 2008）の一部を基に修正加筆したものである。

千年企業と多国籍企業

千年企業とグローバルな多国籍多角化企業は、同じ企業でありながら、「経営空間」の取り扱いにおいて対照的な戦略を採用している。ここでは、第8章で述べた千年企業の長寿要因をさらに掘り下げて、グローバル戦略を採用する現代の巨大企業との戦略対比を進める。

千年企業の戦略は、「経営資源の統合」と、「ローカル市場への集中」と形容できる。それに対して多国籍多角化企業の戦略は、「グローバル市場指向」と「市場の拡大」に要約できる。つまり地理的および事業の経営空間を狭くして資源集中するか、広く拡散して会社の成長を求めるかという2極に分けることができる（表12－1参照）。

O'Hara（2004）が長寿のファミリー会社の特徴の1つは、「人間にとって、基本的に必要なものを提供している」と指摘したが、この研究で明らかになったのは、千年企業はさらに「飲食」と心と身体の「癒し」にかかわる伝統的ビジネスに携わっていることである。これに対してグローバル企業の特徴は、経営スピードを重視した超高速ハイテク事業分野でイノベーションを続け、経営効率を極限まで追求してコストを下げ、事業の多角化を常に進めることにある。

戦略目標

経営学では、マネジャーの役割は、会社の価値を最大化することであると仮定されてきた。これはほぼすべての巨大なグローバル企業の経営に当てはまる。企業価値の最大化のためには、世界中の市場で幅広く商品やサー

表 12-1　グローバル企業と千年企業

千年企業	グローバル企業
戦略目標	
1000 年未来まで経営	世界制覇
業種	
ローテク・伝統産業 単一事業	ハイテクノロジー 多角・多業種
規模と成長度	
小規模 低成長	大規模 高成長
市場と顧客	
ローカル市場 少数、富裕層中心	グローバル市場 多数 すべての顧客
成功要因	
ローカル 資源統合	グローバル 市場拡張

ビスを提供しなければならない。それに対して千年企業の戦略目標は、第8章で見られたように、1000年先までの経営継続であり、グローバル企業のそれとはまったく異なる。暖簾の継承は、経営規模を拡大し、利益を最大化し、世界制覇を求めるのではなく、会社や商売を家業として末永く次世代に繋ぎ続けることを第1目標とする。

事業の性質

現在生き残っている千年企業は、すべて極めて限定された事業に集中しているが、オーナー当主の多くはこれまで単一事業に集中してきたことを、長寿要因の重要なものの1つとして捉えている。事業の特化は、限りのある経営資源を分散しない集中投資に結びつき、事業範囲は狭いが他社では簡単に真似のできない、深い経営知識の蓄積が可能となる。また、日本旅館、伝承・伝統料理、和菓子、酒造り、茶販売、仏具製造等の伝統産業に属するので、販売量が比較的安定した成熟産業であるために、大きな製品の革新や事業改革の必要性も少ない。

「伝統は革新の連続である」（黒川、2005）という言葉は、「イノベーションは、イノベーションをしないためのイノベーション」であり、「イノベーションは古い元の姿にとどまり続けるためのイノベーション」であると言い換えることができる。つまりイノベーションのためのイノベーションは、千年企業では積極的には行われないと考えられるのである。

伝統工芸は、その性格上、古くからの伝統技術に培われたローテク分野に相当し、最終製品がすべて日進月歩の最新のデザインになっては、伝統工芸ではなくなってしまう。たとえば田中伊雅の田中雅一氏がインタビューで述べられたように、「仏具はそれぞれの時代で、その時々の最新技術を取り入れてきたが、現代の最新技術、たとえば発光ダイオードを昔ながらの仏具に使ってしまえば、それはもう仏具ではなくなってしまう」のである。

自然素材を用いる食品製造業では、気候変動等により素材の農作物が年によっては入手しにくくなることがあり、それにつれて最終製品の製造に大きな影響が出てくる。まったく素材が手に入らなくなれば、川端道喜の粽のように、季節商品の販売期間を変更したり、時にはその製品の販売を中止して、他の代替商品を手掛けたりしなければならなくなる。製造プロセスにおいても変更、改良、革新をして、できる限り伝統的な本来の製品の形を保つため、「伝統を守るためのイノベーション」が必要になる。

しかし同時に千年企業では、最新技術の導入自体については、それが自社の根本的な独創的優位性を失わない限りは、積極的に推し進めるケースが多く見られる。最新の機械化や自動化、インターネットの活用も、それらが競争力を向上させる場合は採用する。たとえば田中伊雅は、寺院の建築設計や仏壇配置設定のために、コンピューターグラフィックを早期から取り入れ、他の千年企業もそれぞれのホームページの更新を続けている。しかし最新技術やシステムを導入しても、それらが競争力の向上に貢献しない場合や、自社のアイデンティティーにマイナスになると判断すれば、数世紀以上続けてきた伝統的な手作りを変えない。

これに対して大きなグローバル企業は、利益の最大化のために、多角化した多国籍企業の名前の通り、関連産業や非関連産業に事業進出を幅広く進め、それに伴って多額の資金投入を行う。多角化した業種では、目まぐるしく変わる経営環境と厳しいグローバル市場競争の中で生き残るために、超高速でのハイテクノロジー技術革新やさらなる製品開発を推し進める。

規模と成長度

この研究に登場したすべての千年企業は、従業員数が数十人未満の小規模な経営であり、その売上成長スピードも比較的堅実である。小規模で家族所有の会社や組織形態は、それに伴う固有の長期的視野に立った戦略とうまくフィットしている。グローバル化した企業の急成長を支えるには、多額の継続した資金投資が必要となる。個人や家族所有の会社では、事業投資や運転資金のための資金調達は、自己資金の他は借入金に頼ることになるが、借金の増加は財務リスクの増加に繋がる。したがってコンスタントな急成長は負債額の増加となり、超長寿の理念に相反する。

千年企業は、そのほとんどが低成長の中小企業に分類されるが、あらゆる会社にとって最も重要なことの1つである、「安定した利益」を生み出し続けている。つまりたとえ大きなビジネスチャンスが目の前にあっても、短期的な目先の儲け主義に走らず、急成長をしなくても1000年未来まで常に利益を着実に出し続けるシステムを保持している。

この安定した堅実な低成長戦略は、新規にビジネスを立ち上げ、規模の拡大を求め、自社株を上場し、ごく短期間で最大の富と名声を得るという、多くのベンチャー起業家の精神と正反対に位置づけられる。自社株の株式市場への上場は、会社の規模と利益をさらに大きくするための資金調達を可能とし、ベンチャーオーナーに早期のリターンをもたらす。それに対して千年企業のオーナー経営者は、会社やその暖簾を先祖伝来の家宝として、未来の世代へ伝えていこうとしている。このように経営戦略に明確な違いは見られるが、どちらの方針が良いか悪いかは、それぞれの組織の目的によって違うので、一方的に第3者が判断できるものではない。会社によっては経営の方法が異なっているという単純な事実を千年企業は示している。

市場と顧客

千年企業の経営は、地元地域を重視しているため世界的に有名なブランドではなく、日本国内においても、それぞれの業界内ではもちろん知名度は最高レベルだが、一般の消費者にとって馴染みのある全国ブランドになっているものは少ない。これは第8章で述べたように地域限定で、全世界の無数のライバル会社との市場競争を避けるニッチ（棲み分け）戦略を採用してきたので、地元地域市場では強固な競争優位性を保つ。

ニッチ戦略は、料理や伝統工芸などの、その地域の顧客が求める伝統的商品の取り扱いにマッチしている。地域限定型の商品やサービスの提供には、規模の経済に頼る必要が少ないため市場自体は大きくはないが、事業を長く続けられるだけの伝統的顧客による安定した需要がある。

さらに顧客そのものが、多くの千年企業にとって大切な経営資源になっている場合が多い。仏教寺院や皇室は、伝統的、経済的、社会的、政治的な影響力が大変強い。これらのインスティテューションと呼ばれる組織、団体、機関と千年企業は、独占的な商取引を長く続けることで強いネットワークを構築し、揺るぎのないアドバンテージを得た。このコネクションは、他の会社にとっては大変高い参入障壁となり、千年企業には地域限定だが、長期の契約を結ぶことで常に安定した経営をもたらしてきた。

たとえば御所御用達に一度選ばれると、いつそれが認可されたかにかかわらず、御所との取引があることを世間に広告し続けることが許された。この称号は、高い格式と品質の誇示とともに、長期にわたる信頼と、特別に優れた差別化された商品イメージを伝えた。この千年企業が持つローカルに密着した経営と、さまざまな安定した顧客を含む経営資源が、巨大なグローバル企業による激しい競争から身を護る術となった。

対照的にグローバル企業はその名の通り、地理的には世界市場を隈なく網羅し、顧客は個人では富裕層から一般層までを対象に、またＢ２Ｂでは大口の会社や団体に至るまで、幅広い市場をターゲットにしている。

成功要因

これまでに経営学においては、収益の高いグローバル企業になるために必要な成功要因は調べつくされてきたと言える。たとえば「規模の経済」を活かした低コスト化、利益率の高い商品を揃えた差別化した事業、技術革新による製品やサービスのコンスタントなアップデート等が挙げられる。結局一般の企業の成功要因は、この「グローバル」化と「マーケットの拡大」に要約される。これに対して、日本の千年企業の成功要因は、地元「ローカル」重視と、限られた「経営資源の統合」が中心となる。

千年企業がたどってきた超長期の生き残り戦略には、他の無数の小規模な会社にとって参考になる点もいくつか見出すことができる。実際には、ごく一部の会社のみがグローバルな成功を収めることができ、大多数の会社はグローバル制覇どころか、単に現在の時点での生き残りが当面の大きな課題という現実に直面している。つまりグローバル企業になるための戦略指針は、必ずしもすべての会社にとって有効であるとは言えないのである。

ここで取り上げた企業は、とくに際立った長寿を誇る。小規模、古いローテク分野の技術、地元地域重視、そして伝統的な製品といったそれらの特徴は、現代の経営学ではこれまであまり光を当てられてこなかったが、これらの要因が超長寿を支える原動力になっていると考えられる。その長い歴史を通じて歴代の当主達は、独自の世界観と企業理念に基づいて組織、事業、そして内外の環境を組み入れた、エレガントで安定した経営システムを作り上げてきたのである。

グローバル戦略とローカル戦略

企業の業績を評価するには、いくつかの方法がある。売上高拡大によって、『フォーチュン』誌のグローバル500社のリストに入るのはその1つである。世界最大の会社の仲間入りをするのは非常に難しい一方で、500年以上にわたって事業を維持し続けるのも誰にも否定できない偉大な成功の物語である。日本の千年企業は、内外のビジネススクールで教えられている経営理論の中心教材にはなってはいないが、それらの超長期の繁栄は、歴史は古くても今なお有効な新しいビジネスモデルが存在する証拠である。

千年企業は小さなマーケットにターゲットを絞ったニッチ戦略で、継続した大きな資本投資の必要の少ない安定した業種に集中している。このような保守的な方針を守ることによって経営の外部環境を効果的に安定させている。さらに小規模な地元重視でローテクノロジー分野の製品を扱う方向が、長期に及ぶ経営の基本戦略を構築している。この戦略は巨大なグローバル企業に見出される戦略とは対照的な基本経営方針となっている。両方の戦略には、それぞれ利点とリスクがあり、双方ともに異なった意味で我々に「真の成功」への糸口を提供している。

第8章で述べたように、有効な企業戦略は、その目的、組織形態、経営資源、環境がすべて合理的にフィットしたものでなければならない。会社が生き残るためには儲けが必要だが、利益率が一般にそれほど高くはないと考えられている伝統的な低成長産業においても、経済価値（利益）をコンスタントに生み出すシステムが不可欠である。千年企業の規模は小さく経営資源も限られているが、その経営能力は数百年にわたって受け継がれてきた適切な資源調和の結果として培われてきた。つまり経営資源、ビジョン、組織形態が一定したシステムとして調和している時に有効な千年企業戦略が生まれるのであり、それは現代の巨大なグローバル企業の戦略とは異なるものである。

第13章

経営時空モデル

これまで繰り返し述べてきたように、「継続企業の前提」（ゴーイング・コンサーン）は、会社や組織が長い将来にわたって存続するという前提で、会計学や企業財務論等の経営学理論を構築する上で、不可欠な仮定である。この前提から、利益の最大化や企業価値の最大化というような会社のマネジャーの役割が導かれている。しかし「継続企業の前提」は、あくまでも理論構築のための仮定であり、現実にはほとんどの会社の寿命が短いことは厳然たる事実である（日経ビジネス、1989）。しかも会社の寿命は年々短くなってきているという、老舗経営者にとってはあまりありがたくない報告もある（Reeves & Puschel, 2015）。

前章で述べたように巨大なグローバル企業に求められる高い利益は、どんなに長期的な視野を持った投資家でも、その人の生存中に達成することを期待されるが、それは長寿を第1目標とする千年企業の経営戦略とは相反する。この2つの異なった企業群のゴールを図13-1に要約した。これは Oviatt & McDougall（1994）のボーン・グローバル（生まれついての多国籍企業）のモデルをさらに拡張したものである。

図13－1は、企業戦略を時間（x軸）と空間（y軸）の2面から示した「経営時空モデル」である。縦軸は企業の空間的側面（事業の多角化や国際化の程度）で、横軸は時間的側面（創業以後の時間・経営年数）を捉え、異なった企業群によって、それぞれの企業戦略がどのように位置づけられるかを示している。

このモデルでは、異なるビジネス環境、企業統治、経営の継承方針によって、時間と空間に関連した要素が存在し、各社独自の競争戦略が位置づけられると前提した。とくに時間そのものが、企業の経営分析を行う際の考慮に値する重要な次元となっている（伊藤・ローズ、2014）。

空間

マネジャーの役割は、売上を伸ばし利潤を最大化するために、製品や事業の多角化を試み、地理的には広く国際市場への進出を目指すことである。このような企業の事業や地理的な「空間的拡大」による売上高の絶対額の増加がなければ、

図 13-1　経営時空モデル

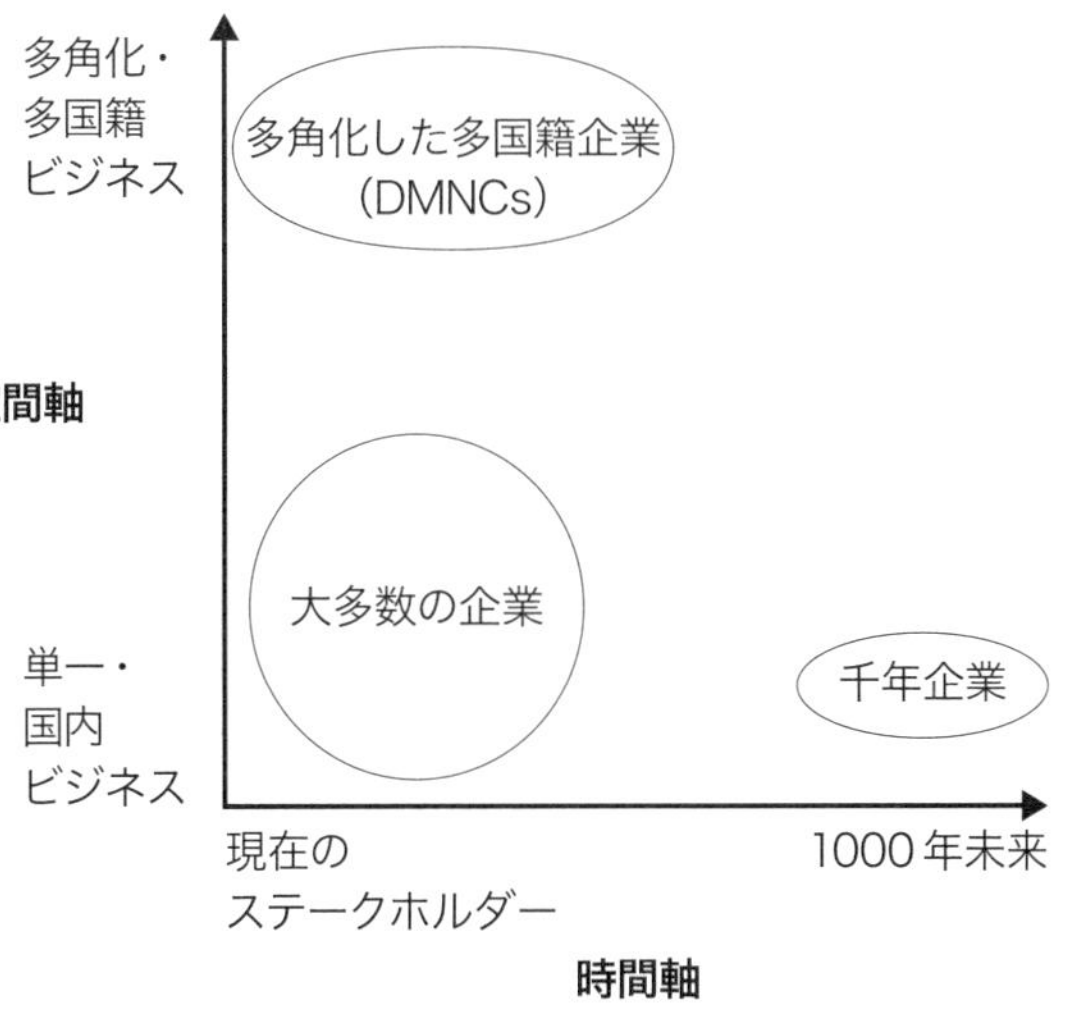

利益の絶対額の最大化は達成できない。要は規模（空間）の拡大である。したがって多角化した巨大なグローバル企業は、図13－1の座標の左上の部分に位置する。この「空間の拡大」志向は、従来の経営学のモデルに基づいている。

それに対して大多数の中小企業は、少なくともその創業初期には、多角化していない国内を中心とした単一事業と、限られた数の商品と小さな規模で、地元を中心として営業を始めることが多い。古くはイギリス東インド会社（1600年創業）やオランダ東インド会社（1602年創業）のように、「生まれながらのグローバル企業」も存在するが、それらはごく一部の例外である。また多くの中小企業は経営資源に恵まれないことが多いため、海外売上も少なく高度な事業の多角化もできないが、その株主やステークホルダーのために（一般には短期的な）利益の最大化を目指す。したがって大多数の中小の会社の企業「空間」は狭い。

小規模な会社は、多角化した巨大なグローバル企業に比べて会社のトップマネジャーによる目配りが可能なサイズが味方し、顧客の要望や周囲の環境変化に対し、その組織の小ささゆえに柔軟性を持って対応できるという利点がある。その一方で、中小企業は企業「空間」拡大のための必要な経営資源が乏しく、とくに不景気時には苦難が多いために会社の寿命が早く尽きる場合が多いので、図13－1の座標内では左下の部分に位置づけられる。

時間

図13－1の横軸（x軸）は、会社の経営年数という時間的側面を捉えている。他の多くの会社と違い、千年企業は明らかにこの時間軸では特異値に相当するほど右端にあり、縦の空間軸では下部になるため、座標内では右下に

位置する。これは左上部に位置する高度に多角化した巨大なグローバル企業群とは、第12章で表したように対照的なポジションである。

時間と空間を同時に考慮した企業時空モデルは、千年企業の独特な戦略の性質を明らかにするとともに、一般の会社の経営を成功に導くためのガイドラインである現代の企業戦略モデルのポジション（図13‐1の左上）との強い対照を示している。千年企業は大きな成長をすることや海外売上はほとんどなく、事業の多角化を抑制し、伝統的なローテクノロジー事業に専念してきた。本質的に「規模や範囲の経済」、国際化、最新技術革新による製品開発をしないことによって国内にとどまり、地元を重視し小規模で経営空間を狭めて図の右下に位置し続けている。

企業が企業空間の限りない拡張を求め続けるには限界があることは、第10章で企業の恒常性という概念を用いて説明した。大きな会社には「規模の経済」という恩恵があるが、それを駆使し単価コストを下げ続けるには、大きな投資が必要になってくる。それに加えて単価コストも、規模が大きくなっても永遠に下がり続けるわけではない。これは大規模なオペレーションにつきものの、調整コストとロジスティクス（物流管理）コスト等の、複雑な要素が生ずるために全体のコストが上がり、「規模の不経済」がいずれ発生するためである。もしこれらの高いハードルを乗り越えることができれば、その会社は世界中のマーケットを独占支配するかもしれないが、世界中にあるいろいろな規制や規則が、1企業によるグローバルな完全独占状態を抑制することになる。

ミレニアム・パラドクス

図13‐1の右下の部分は千年企業が、左上の部分は巨大な多国籍企業が、そして左下の部分は無数の中小一般企

業が占めている。この座標の右上の部分は空白だが、そこは多角化した巨大企業が世界中の市場に「千年帝国」を築いたことを表す。このような1000年間世界中に君臨し続ける巨大なグローバル企業は、未だ存在しない。

古い企業グループとしては、1590年に泉屋として創業した住友グループのような400年以上続いて多岐にわたる産業で繁栄する、多角化した企業系列グループは存在する。しかしこれらの旧財閥系企業系列は、大きくなりすぎたために、第2次世界大戦後の財閥解体を受け、16世紀の創業から現在まで単一の会社として存在し続けたわけではない。日本以外でも世界の歴史上最も有名な市場独占の例の1つとして挙げられる、アメリカのスタンダードオイル社が1911年に独占禁止法によって34の会社に分割されたように、企業の無限の拡大に対しては法的な抑止力が存在する。超長寿と、高度な事業多角化や国際化による際限のない空間拡大は、少なくとも現在までは前例がなく、1企業では時空間極大の同時達成は不可能であり相反する目標であるように見受けられる。

巨大な多角化したグローバル企業を経営するには、たとえその繁栄が短期間であったとしても大変な困難が伴う。このような企業には、「継続企業の前提」は単なる仮定であり、その組織の巨大さと経営上の複雑さとが、超長寿を妨げる原因である。会社にとって時間と空間は本質的に相容れない力であるため、図13‐1の座標の右上の部分は未踏の領域となっている。通常、大企業は富と力のシンボルであり、たとえば未就業の学生にとっては未来の安定した就職先として、当然末永く繁栄し続けるものであると想定されてきたが、時空モデルはここにパラドクスの発生を示唆している。

時空モデルの2軸の座標内では、左下のエリア（大多数の会社）から他のどのエリアへの移動も、多額の投資や経験の積み上げが求められる大変難しい仕事であり、マネジャーには尋常ならざる我慢と努力が要求される。左下のエリアに属する無数の会社のうち、ごくわずかの会社だけが高度な事業の多角化や国際化を成し遂げ、巨大な規模に成長し、左上のエリアに移動した。それとは対照的にさらに少数の会社のみが1000年間、小規模のままながら繁栄し続けた結果、左下から右下のエリアへと水平移動した。

現代の経営学や企業戦略理論は、会社が左下のエリアから左上のエリアにy軸に沿って垂直に上がるために、どのように経営すれば良いのかという方向を示すものである。この研究で表した千年企業の経営方法は、左下から右下へx軸に沿って、水平に移動するための指針を提供している。巨大な利益を出し続ける経済的な成功は、残念ながらそのまま超長寿へとは結びつかないと歴史は語っている。中小企業が左下から右上への斜めの移動や、あるいは巨大なグローバル企業が左上から右上へ移動しようとしても、ミレニアム・パラドクスが発生するため、現時点では有効な指針を示すことは難しい。

ここで注目したいのは、経営の時間と空間には相対関係が見られることである。もし企業が売上や利益といった経営空間を拡げようとすれば、他社との競争に打ち勝つために経営スピードの加速が要求される。しかし経営速度が増すと、これまでに見てきたようにその会社は長続きせず、企業寿命は短くなってしまう。その一方で千年企業のように企業寿命を延ばそうとするならば、逆に経営空間の縮小が最適の選択となり、経営速度が遅くなるという関係が成り立つ。物理学の相対性原理では光の速さに近づくと時間が遅れ寿命が延びるとされるが、経営時空モデルでは逆に、経営速度と企業寿命には負の相関関係が見られる。

第14章

千年企業の経営

特徴

序章で述べたように、この研究の目的は多岐にわたる。千年企業は何処で、何を商い、どのような経営をし、どのようにして長寿を保ち続け、今後どのような戦略計画を持っているのかを探り、それらを基にして理論的枠組みを作り、現代の経営理論との比較をすることによって、これから1000年先の未来へと繋がる会社経営の1つの指針を見出すことであった。

千年企業の特徴は、以下のように要約できる。

国内中心

地元重視
伝統的産業
ローテクノロジー
小規模
寡産（少品種）
低成長
会社存続が目標
先祖による企業統治
独立した企業生態系
超長期サプライヤー関係
恒常性
イノベーションをしないためのイノベーション

千年企業の経営は傍から見れば、当たり前のことを当たり前のように営み続けていると言えるし、また現在の当主達自身もそのように語っている。しかし現実には歴史と伝統にただ頼るのではなく、常時経営環境の分析を鋭く的確に行い、過去を見つめながら、時にはそれに縛られながらも、将来へ向かって前進する未来志向を怠らない。この当たり前のことを普通に当たり前に行うために、昔も今も大変な努力を注ぎ込んでいる。

時空モデル

第13章では、これまでの結果を踏まえて、時間と空間の概念を企業経営理論に取り入れ、それを経営時空モデルと名づけた。時空モデルにおいては、空間軸に製品や事業の空間（多角化）と、地理的空間（国際化）の程度が含まれる。利益と企業価値の最大化を達成するために、この空間軸に沿って多くの巨大企業は事業の多角化を図り、海外市場に広く進出する必要がある。

これまで経営学では、空間軸（富の最大化）に関する研究がほとんどで、時間軸についての研究は経営史や「老舗学」を除いては、あまり重視されてこなかったと言える。これは会計学や企業財務論の中で、前出の「企業存続の前提」が理論構築のために必要で、実際には超長寿企業がほとんど存在しないにもかかわらず、企業永続の「前提」を実在のものとして理論上肯定してきたことに関係している。それに対してこの研究では、会社の存在にかかわる重要な目的として、時間の要素に光を当てたのである。

会社の寿命という時間と、地理的および事業空間を会社経営の説明のために組み合わせたモデルは、我々の直感にやや反するような状況を表している。千年企業は、これまでに述べてきたように、ごく限られた経営資源しかないにもかかわらず超長寿を誇る。就職活動中の学生に「寄らば大樹の蔭」という諺があるように、一般に大企業は安定した職場であると考えられており、また安定して高い利益を出し続ける会社を優良企業と呼ぶ。しかし巨大な会社は、巨大なままで１０００年続かないという古来からの現実が明らかになった。多角化した巨大なグローバル企業は、時には圧倒的に豊富な経営資源を持つにもかかわらず超長寿を達成できていない。これが時空モデルの示す、ミレニアム・パラドクスである。

企業の成功評価基準

日本には約400万の会社があると言われるが、そのうち多角化した巨大なグローバル企業と言われるのは、ごく少数の幸運な会社しかない。時空モデルは、多数の会社に対して長寿達成という別の評価基準での成功へと導く可能性のある道順を示唆する。ただし、この道も巨大な多国籍企業への道と同様に、あるいはそれ以上に到達するのは難しい。Porter（1980）は、「競争戦略は、ライバルとの差別化を生む経営能力の価値の最大化のために会社を位置づけることを含む」とした。これに対して時空モデルは、会社の経営資産が限られている場合においても、事業と国際市場への拡大を基にしたグローバルな競争力を追求するよりも、長寿を求めるというユニークなポリシーを確立することによる、会社の「成功」への道を示している。

企業とはさまざまに異なる目的を達成するための「手段」と考えられる（伊藤・ローズ、2014）。会社は現在生きている株主やステークホルダーのために、その価値や効用を最大化するためだけに存在するのではなく、他にも目的があっても不思議ではない。過去500年以上にわたり、コンスタントに価値を提供し続けた結果、千年企業は地域や社会に多大な貢献をしてきたということができる。逆に言い換えれば、経済的社会的価値のまったくない会社に対しては、社会全体が1000年もの間その存在を肯定的に認め続けるとは考えにくい。

これについては第11章で取り上げたように、近年にいくつかの千年企業が経営難に陥った際、周囲からのいろいろな形での協力があり、多くがその商いの存続に成功し、再開を成し遂げたりしている。つまり超長寿企業は経済活動組織として金銭的財を生み出すだけではなく、重要な社会文化財として周囲からその暖簾の存続の必要性を認められて、協力を受けるに至ったのである。

千年企業は、そのオーナー当主達がたびたび述べたように経営空間の拡大を最念頭に置いてこなかったため、無駄な投資を控え、それが結果的に自然資源の浪費を抑える結果となった。これは、現代の自然環境保護と経済の持続的成長の双方を同時に求める考え方と一致する。すなわち千年企業は、数世紀も前から21世紀の理想的な経営の在り方を先取りしてきたと言える。このような自然環境保護を考慮に入れた持続的低成長戦略は、いくつかの現代のビジネス、とくに中小企業や小規模の家族経営の会社にとって有効なアプローチになりうることを示唆している。

理想的な究極の経営の姿はグローバルな巨大ビジネス帝国を永遠に繁栄させることであるが、未だかつて千年帝国を築いたグローバル企業は存在しないという事実は、経営空間の拡大と超長期にわたる企業生存の共存は大変難しいことを意味している。ここでは日本の企業を対象にしたが、海外においても近代の国際企業の誕生以来、500年以上独立して続く多角化したグローバル企業は見当たらない。

千年企業の経営

経営時空モデルは、時間と空間を、とくにその会社の誕生からすぐに巨大化と長寿の両方を同時に追い求めるのは、たとえそれが理想の形であっても得策ではないと示している。マネジャーは信任義務のある代理人として、ステークホルダーの意向に沿って経営をしなければならないが、時間軸と空間軸に基づいた経営戦略を考えると、株主やステークホルダーの意向が異なれば、マネジャーの使命も当然異なってくる。現代の多角化した巨大なグローバル企業と異なり、千年企業の経営者には他の外部株主に対しての責任がないため、この2つの企業グループは、まったく異なった戦略駆動力によって行動している。

千年企業の戦略の焦点の1つは、リスクとリターンの相対的バランス（計算されたリスクを取る）を考える以前に、たとえそれが低利益という結果になるとわかっていても、まずリスクの絶対的レベルを下げるという、やや保守的な方針を取り続けてきたことにある。それに対して、図13－1の左上部の位置に向かうことを義務づけられている上場会社やベンチャー企業は、そのすべての外部株主に対して投資回収期間を1000年先の未来と設定することはできないので、経営者は、はるかに短い投資期間を念頭に、株主の利益を最大化させることを目標にする必要がある。さらに近年のヘッジファンドなどの大規模な機関投資家の存在が、上場会社の投資回収計画をますます短くする傾向がある（伊藤・ローズ、2014、13ページ）。

千年企業は一見脆弱に見えながらも、堅実な強さを持って持続してきた。脆く見えるのは、それらの多くの経営規模が巨大企業に比べて桁外れに小さいためであるが、その一方でしたたかな強靭さを持ち合わせている。それは第8章で述べたように、経営資源、組織形態、業種、戦略の4つの要素が相互に支え合い、各社の業種は異なっていても、それぞれ洗練され適合し、一貫性を持っていて、絶対リスクの小さな、しなやかな経営体制を確立しているからである。

必要条件と十分条件

今仮に、ある会社が千年企業に共通する諸要素（国内中心、地元重視、伝統的産業、ローテクノロジー、小規模、寡産（少品種）、低成長、会社存続が目標、先祖による企業統治、独立した企業生態系、超長期サプライヤー関係、恒常性、イノベーションをしないためのイノベーション）をすべて持っていたとしても、その会社が1000年の未来まで存続するという保証は残念ながらない。つまりこの研究では、現存する千年企業が満たしている「必要条件」を明らかにしてきたが、ある会社がこれから1000年経営を続けようという目的を持っても、それを達成するために必要な「十分条件」までは解明できていない。加えてここでは序章で述べたように、すべての会社に対して、千年企業になるべきだという規範的モデルを押し付けるものでもない。

繰り返すが、図13－1の右上のポジションに相当する千年帝国企業を築くことが、経営者にとっては究極の理想であるが、実際にはそのような会社は存在しない。もし1000年間会社を続けるには、あまり経済的に欲張らず、「細く長く」が現実的なアプローチなのである。

巨大な多角化したグローバル企業は、一般に高利潤で豊富な経営資源があるにもかかわらず、経営資源に乏しい千年企業のような超長寿を達成できないというパラドクスを時空モデルは示す。上場会社の経営者には、1000年先の未来の株主やステークホルダーに対しての責任はない。千年企業の経営者にはそれが実在し、さらに「先祖による企業ガバナンス」という形で、1000年昔のステークホルダーに対しても家業を続けなければならないという重い責任がある。この経営責任の所在と経営時間軸の長さの差が、異次元とも言える千年企業の経営の特異性を生み出しているのである。

千年企業の経営を今の経営にどのように活かすべきか

これまでの分析で明らかになった千年企業の経営を、21世紀の企業経営にどのように活かすべきだろうか。千年企業は我々に「会社とは何か」、「経営とは何か」という抽象的で基本的な質問を投げかけ、実際に1000年生き残った事例として、ではどうすれば超長期間生き残れるのかという答えを現実的、具体的に示している。近代経済学や経営理論は現存の千年企業の創立後に確立されたので、経営戦略の教科書にはまったくとらわれず、過去の自他の失敗を糧として、自身が持つ限られた経営資源をしっかり把握し、いつもそれを自由自在に活かしながら経営してきたというユニークな歴史がある。したがって受け手側の立場や目指す目標によって、多様な活かし方が考えられる。

超長寿企業が刻んだ道筋と超高収益の多国籍企業のたどった道筋を比較し、千年企業の経営を大きく括って時空モデルの説明をしたが、これは時空という抽象的な概念を取り入れているにもかかわらず、その示唆するものは具体的で現代の会社の経営をいろいろな方向に導いてくれる。言わば戦略選択の際に将来の道案内をする地図のように、たとえばある選択をすると、それに伴って待ち受けている安全な地域や、危ない道や橋の存在を示し、それぞれの会社がこれから進まなければならない方向へ進むための手助けになり、時には想定外の結果が待ち受けている可能性が高いという警鐘も鳴らしている。

あらゆる経営者にとって、マスコミを毎日賑わし世界的に有名な超高収益グローバル企業の優良経営は、21世紀の経済をリードする代表的なお手本となっている。これらの「勝ち組」は、いつも最適な組織構造や経営システムを求め、その経営形態は最新で、最高で、最先端の技術を駆使して常に進化し続けている。しかしその進化と急成長と経済的成功は、数世紀にわたる超長期の経営継続に繋がりにくいし、最新の経営手法が、世界中の大小すべての会社に当てはまる模範となっているわけではない。現実にはＧＡＦＡ（グーグル、アマゾン、フェイスブック、アップル）のような超巨大企業が行っている経営は、他の会社がそっくりそのまま真似るのは大変難しいし、たとえ真似ができたとしてもすべての会社がＧＡＦＡのような経済的成功を達成できるわけではない。

現在世界に君臨する代表的巨大企業の高収入、高収益は永遠には続かない一方で、規模は小さいが１０００年続いている会社と聞いただけで、洋の東西を問わずビジネスにかかわるほとんどすべての人々が即座に強い関心を示す。経営学では高収益を達成する道は明らかにされていても、超長寿への道は未だ納得のいく説明が確立されていないからかも知れない。日本の千年企業の名前は世界的にはほとんど知られていなくても、他の会社にはあまり見られないユニークな特徴的な経営は、理論的には古今の老舗研究でもまだ解明途中のため、その神秘的な存在感を強めている。ＧＡＦＡ等の「フォーチュン５００」に入る超巨大企業は圧倒的な規模による威圧的な存在感を放ち、それらの超優良経営は当然ながら称賛に値するが、そこに神秘性は存在しない。巨大企業は全地球的規模で、広域全面的なグローバル戦略を駆使するが、千年企業は局地的限定戦略を採用し、その小さな空間での生き残り方は、数多くの中小企業経営に活かせる。しかしここで触れたように、もちろん千年企業の経営もいくら他社が真似してもすべての会社が千年企業になれるわけではないし、すべての会社に千年企業を目指せということは言えない。そのユニークな経営方法と企業戦略はすべての企業に当てはまらないこともまた明確である。

経営学では事業永続を仮定した上で、利益の最大化を会社の目的としているが、その事業永続の仮定は単なる理論構築のための仮定で現実には何の保証もない。したがって安定して長続きする経営は、自ら作り出さなければならない。長期的事業継続には、リスクを軽減しながら利益を上げ続けなければならないが、千年企業はその微妙なリスクとリターンのバランスを保ち続けてきた。金儲けに集中しすぎれば超長寿は望めず、超長寿を目標にすればそれほど大きな利益は上げられないというジレンマに常に晒されながら、時を刻み続け1000年の営みの結晶として現在その存在を静かにアピールしている。長い歴史の中で、とくに誰がその経営方法を選び、以後それを継承するように定め、守られ続けたということではなく、ただ歴代の当主達が事業の継続を求め続けた結果が1000年の歴史となった。一部の千年企業に残る言い伝え、教訓、家訓、起請文はごく一般的であり、基本的な内容を持つ。つまり21世紀の現代のオーナー経営者が、今細かく自社の家訓や規則を作って後代の経営継承者をがんじがらめにしようとしても、500年や1000年未来の世代にはそれほど役に立たない陳腐なものになりかねない。

1000年の歴史は、現代の経営分析モデルではあまりお目にかかれない形容だが、神秘性を纏いオーラを漂わせる経営の美しさを作り、その美は簡潔だが現代の経済理論に完璧にマッチした合理的経営をとにかく長い間続けてきた結果、醸し出されたのである。他の会社には見出せない強靭な生命力の原動力は、外見的にはシンプルな組織形態と運営方針に求められる。グローバル企業とは対照的に、小さな規模にもかかわらず超長寿を保っているのではなく、小さいから超長寿を達成したのである。

その一方で、少なくとも外面的には素早く変わることのできない商売をしているという大きな足かせは、長い寿命を維持するために変わり続ける環境に対し適宜適応を自社に要求しただけではなく、経営環境自体を千年企業の生存に適したように作り上げるという、積極的な環境変化の抑制を余儀なくさせた。外部からの圧力で大小の経営方向転換を常に迫られるよりも、逆に自己変化の必要が少ない外部経営環境を作り出したのである。意図的にビジネスを変えないと決め、その結果ビジネスはあまり変わらないとなれば、伝統産業の事業の性質上、効率だけを求め続ける無機質で機械的なデジタル経営とは離れて、経営のスピードやリズムを自社に適したものに変え、「経営を楽しむ」ことも可能となった。しかしそれでも経営環境は変化し続けるので、代々の千年企業の経営者達は、客観的に競争市場の状態と自社の長所短所を的確に把握して経営分析をしながら、「革新をしないための革新」を常に怠らない重要性を教えてくれている。

老舗のトラブルの誘発要因

千年企業は環境変化による他動的トラブルにあまり左右されないシステムを作り上げてきたが、それでもトラブルの発生を完全に抑えることは不可能である。もっと長い目で見れば、生物の生命と同様にすべての会社も、いずれ寿命が尽きる運命にある。どの会社にもいろいろなトラブルが発生するが、一部の千年企業に見られたトラブルは単なる放漫経営の結果というよりは、従来のきちんと始末をしながら暖簾を守り続けるという基本路線を守りながらもさらなる「空間」拡大を目指した結果として困難に陥った例が見られた。これは他の多くの企業にも当てはまることであるが、ほんのわずかな経営ポリシーの変更により危機に陥ったという類似点があり、皆同じような道をたどっていることが注目される。

なぜ一部の超老舗企業の経営者は結果的に経営破綻に陥るような空間拡大の誘惑を抑えられなかったのだろうか。一般に老舗とは永く繁栄して続いている格式と信用のある組織や会社である。その名声と社会的地位を今現在維持するためには、急成長を遂げている新興他社とまったく同様に利益を生み出し経済的繁栄を続けなければならない。老舗の経営者にはビジネスとは別に、社会貢献活動や公益的寄付も当然求められ、周辺からの強いプレッシャーが常に存在する。社会的な名誉や地位を保ち続けるには、それ相応の利益を出さねば種々の寄付活動もままならないし、それができなければ長い歴史に胡坐をかいていて社会的貢献が少ないと周りから非難される。しかし「細々と」した経営は、超長期の存在には堅実で最適なシステムではあるが、大きな利益を上げにくい。生存競争の末に自然淘汰された結果の経営構造は、超長寿という「名」を残すが、超高収益という経済的「実」は残りにくい。もし「実」がそれほどなければあの老舗は「名」ばかりだということで、その格式と信用は弱まり、社会的名誉と地位も維持できなくなる。それに追い打ちをかけるように存在する近年の日本の固定資産税や相続税等の税制度も、時には老舗オーナーにとっては致命傷になりかねない大きな負担となっている。

このように多くの老舗の経営者を取り巻く環境は、とくに家業や老舗を継承した経営者に対して、現実的に避けることのできない大変厳しい選択を突きつけている。端的に言えば、会社には「太く短く」という空間重視か、「細く長く」という寿命時間重視の結末しかない。千年企業の存在は、「太く長く」という理想的なゴールは未知の領域で達成困難というシビアな現実を表す。企業永続（ゴーイング・コンサーン）は経営理論を構築するための単なる仮定で、この仮定自体はまったく現実的なものではないことをここで繰り返してきた。

「空間」拡大の1方法

それでも誰でも本当に目指したいのは今現在、高収益を上げ続けながら末永い企業寿命を目指すという一挙両得である。千年企業の存在が具体的に示唆しているのは、1会社にあまり大きな期待をすること自体に無理があるので、割り切った経営戦略を取るという方法があるということであろう。「暖簾」に伴う名誉・名声は常に超巨額の利益を生み出し続けるわけではないというシビアな現実を直視し，長い歴史のある会社はそのまま変えずに残し，大きく儲けるためには法的には別の企業組織という「器」を自在に活用する方法である。

会社という企業組織は従来の取引費用理論等が指し示すように，利益を出すために機械的に市場で取引をする媒体という役目だけではなく，「生命体のように有機的で，柔軟で創造的であり，再生し進化するもの」（Ito & Rose, 1994：伊藤・ローズ，２０１４）と捉えれば，経営者の選択が拡がる。すなわち老舗の経営者がその利益を向上させるため，現行の事業と会社組織をそのままにして競争力を高め，同じ会社の中で高利益を求める方針は経営リスクがどうしても高くなるので得策ではない。いくつかの千年企業のオーナー経営者や系列等の大きな企業群の経営者達が実際に行ってきたように，別会社や別組織で別の仕事や事業を行い，資本と経営を切り離して，本来の老舗会社とは事実上の別経営をする割り切った舵取りが必要である。

１企業に「太く」と「長く」の両方を同時に求めることが困難だとすれば，複数の企業群を作り，個々の企業体にそれぞれ違った目的と事業を持たせるのである。老舗本来の事業に加えて高成長の別事業を同時に１つの会社内で行う多角化は，別々の異なる経営を同時に抱え込むために，その組織内に軋轢が生じる。空間拡大を目標とする事業は巨大な資金投入が必要となり，金融市場からの資金調達とそれに伴う幾多の外部株主やステークホルダーの経営参加が伴うので，元の老舗会社の経営者は，利益を追求する別会社という器が，自分や家族だけの物ではなくなるという実質的所有権と経営権の放棄を認めることが必要になる。もし複数の器を作れば，経営空間と利益の拡大は会社グループ全体で達成可能となり，老舗を目指すには守りを，他の会社には攻めを，それぞれの会社の目的に応じて企業経営方針や戦略の優先順位を明確に定め，その優先順位はそれぞれのステークホルダーが決めれば，元々の暖簾を守り続けるということ自体において問題は発生しない。

もし新組織による高収益を目指した事業が儲かれば良し、儲からなければ早急に見切りをつけて元の老舗会社への悪影響を抑えればよい。ある意味では数例の経営難に陥った千年企業が第2会社を作って負債を切り離して生き残りを図った方法を逆手に取って、空間拡大を別組織で図るというものである。オリジナルの老舗の目的は営利のみのための経営ではなく1000年続く企業を目指し続け、それとは別個に成長を目的とした新たな事業を別会社で育成することで、2つの目的の達成がより可能になる。

この方法は一般に多くの会社が行っていることと変わりはないが、しかしながら新会社を設立し、将来、経営空間と利益の拡大が達成できたとしても、その新たな会社の所有と経営権については注意が必要となる。もし元の老舗会社が利益増大に成功した会社をその傘下に直接入れたり経営のコントロールを維持し続けようとすると、これまでに述べてきたように千年企業になる可能性は限りなく低くなる。その代わりに、成功して成長し続ける新たな会社を一人前の独立した会社として認識し、自らは統治しないという規律や自制心が元の老舗会社の経営者にあれば、その老舗は長く続く可能性がある。極端に言えば多くのベンチャー企業の創立者のように、新会社が成功した場合それを株式上場し売ってしまえば富は得られる。この永遠に巨万の富を生み続ける打出の小槌は存在しないという見極めができたのが、現存する千年企業であると言える。

人間には能力の限界があるように、その人間の作り出した組織が富を生み出し続ける能力にも限界がある。会社を永続しようとする経営者にとっては、永続という仮定を会社の目標にして、すべてのシステムをこの目標に一致させることが肝要となる。このように千年企業は、古くから続く家業の継続を義務づけられている老舗の継承者に、明確な道筋を示していると言える。一方で、もし経営者が超巨額の利益を今すぐに生み出すことを目標にして、超長期にわたる会社の寿命にはまったく関知しないのであれば、ここで取り上げた千年企業の経営からの知見は一切無視し、高収益に邁進すべきである。

温故知新：経営学の理論と実践への影響

千年企業の経営は現代の経営理論で解析すれば、伝統産業に携わっているので古臭くありふれていて、何も目新しいことがないように捉えられる。小さくて経営速度が遅く、ローテクでローカルで代わり映えのしない時代遅れな商品やサービスの提供は、絶対的な利益という面ではそれほど良い評価点が与えられないかも知れない。遅い成長速度の伝統産業は空間の拡張には重い足かせになり、商品やサービスの消費者側が千年企業に変わらないことを求め、千年企業の側でも「変えたくても変えられない、変えようにも変えられない」立場となっている。もし変えればそのために企業寿命が尽きる可能性が限りなく高いシステムである。しかし逆にその伝統的な経営は、悪いどころか企業寿命を延ばし続ける原動力であると我々に伝えている。世界的には目立たなくても、その強靭な生命力は異質の輝きを放ち、経営の成功という評価の物差しを空間から時間へと変えれば大きな教訓が得られる。

ここまでに明らかにしてきた千年企業の経営からの知見は、現代の経営学のいろいろな理論が仮定している「企業の永続」を事実上満たしていることで、既存のモデルにさらなる動態的な解釈を新たに追加して、それらの汎用性を拡大し、有効な経営指針を付け加えるのに役立つことを意味している。経営資源モデル（ＲＢＶ）で唱えられる独自の経営資源の重要性はあらゆる会社に共通するが、伝統的な知恵に基づいた経営資源は必ずしも最新鋭の最先端技術でなくても強力な補完的システムが機能すれば、生き残りには十分に威力を発揮する。この事実は、経営資源不足に悩む多くの会社に希望と将来の発展に繋がるヒントを提供している。組織論の古典的なコンティンジェンシー理論（Burns & Stalker, 1961：Lawrence & Lorsch, 1967）では組織が効率よく成果を上げるには、外部環境や組織内部の状態に適した組織構造が必要であり、ある特定の組織構造がすべてのビジネスにフィットするわけではないと教えている。千年企業の例で言えば、「空間」を拡げ利益を上げるための企業戦略は、すべての会社に当てはまるわけではなく、それぞれの会社の目的や方針に合わせて戦略や組織構造も各々違ったものが最適であるという、包括的な理論的枠組みを提供し、コンティンジェンシー理論に「時間」という軸を加えて、さらに拡張した枠組みを提供している。具体的には、たとえ組織構造やシステムが今現在の環境に最適なものであるとしても、超巨大企業では時間とともにその空間拡張のペースは遅くなり、いずれは図13－1の右下端に移行して組織構造や経営システムを変えなければ長続きはしないと指し示す。このように「時間」の概念を既存の経営モデルに付け加えると、経営者の立場によって会社の目的の定義までがまったく変わったものになる。千年企業には、これまでには存在しなかった会社の目的自体を根本から変えさせるような理論やモデルの発展に繋がるほどの大きな影響力がある。

超長期間の生き残りの秘訣は、組織構造とその外部と内部の環境を合致させるだけではなく、拡大させるべき経営「空間」を意識的に曲げて縮小することで、利益を小幅でもコンスタントに上げ続け、常に利益の極大化に縛られないことにある。千年企業の経営者達は、一時的に大儲けをした時でもそれ以上に欲張りすぎずに、永遠に大儲けをしたいという人間にとって抗しがたい欲求をバランスよく抑え、うまく舵取りをすれば超長寿のチャンスがあることを教えている。

経営者に、あまり欲張りすぎるなと言ってもそれは端から経営の目的に相反している。しかし敢えて長寿を第1に目指すのも決して間違いではなく、これらの超長寿企業からは、金儲けという必要だが時には強すぎて破滅を招きかねない誘惑を適度にコントロールしなければならないという、経営について回るジレンマへの対応方法を学ぶことができる。

千年企業の経営を現代に活かすには、段階的な取り入れ方が現実的である。グローバル戦略の遂行には、最先端テクノロジーや大規模生産等の巨額の資金を必要とするが、資金不足に悩む無数の中小の会社にとっては、超長寿企業の経営方法は実現可能な選択肢であることを意味する。少しずつでも図8-1のような業種、戦略、経営資源、組織形態を適合させて一貫性のあるシステムを築くことは、個々について見れば単純で当たり前のことを1000年絶えずに続けること自体が大変であるが、将来長きにわたって事業を続けるには活かすべきやり方である。千年企業の不断の経営努力は、不運に遭遇する要素を減らし、幸運を呼び、超長寿が得られる可能性を高めることを意味する。

終　章

千年企業から学ぶマネジメント

最後に、繰り返しになるが、本書で述べてきた千年企業のマネジメントの骨子を纏めておきたい。これは、中小企業や小規模の家族経営の会社を想定し、これら企業の経営の参考になることを期してのことであるが、いわゆる経営理論が生まれる前から企業として存在し、その経営を今日まで続けてきているという千年企業の歴史から学ぶことは多いはずである。

1、千年企業の経営は、歴史と伝統にただ頼るのではなく、常時経営環境の分析を鋭く的確に行い、過去を見つめながら、時にはそれに縛られながらも、将来へ向かって前進する未来志向を怠らない。これを当たり前に行うために、昔も今も大変な努力を注ぎ込んでいる。

2、千年企業は、経営空間の拡大を最念頭に置いてこなかったため、無駄な投資を控え、それが結果的に自然資源の浪費を抑える結果となった。これは、現代の自然環境保護と経済の持続的成長の双方を同時に求める考え方と一致する。このような自然環境保護を考慮に入れた持続的低成長戦略は、いくつかの現代のビジネス、とくに中小企業や小規模の家族経営の会社にとって有効なアプローチになりうることを示唆している。

3、千年企業は一見脆弱に見えながらも、堅実な強さを持って持続してきた。それは、経営資源、組織形態、業種、戦略の4つの要素が相互に支え合い、各社の業種は異なっていても、それぞれ洗練され適合し、一貫性を持っていて、絶対リスクの小さな、しなやかな経営体制を確立しているからである。

4、千年企業の経営者には、1000年先の未来の株主やステークホルダーに対しての責任が実在し、さらに「先祖による企業ガバナンス」という形で、1000年昔のステークホルダーに対しても家業を続けなければならないという重い責任がある。この経営責任の所在と経営時間軸の長さの差が、異次元ともいえる千年企業の経営の特異性を生み出している。

5、現存の千年企業の創立後に近代経済学や経営理論は確立されたため、千年企業には、経営戦略の教科書にはまったくとらわれず、過去の自他の失敗を糧として、自身が持つ限られた経営資源をしっかり把握し、いつもそれを自由自在に活かしながら経営してきたという歴史がある。つまり受け手側の立場や目指す目標によって、多様な活かし方が考えられ、対応していける。その示唆は具体的で、現代の会社の経営をいろいろな方向に導いてくれる。言わば戦略選択の際に将来の道案内をする地図のように、たとえばある選択をすると、それに伴って待ち受けている安全な地域や、危ない道や橋の存在を示し、それぞれの会社がこれから進まなければならない方向へ進むための手助けになり、時には想定外の結果が待ち受けている可能性が高いという警鐘も鳴らしている。

6、1000年の歴史は、神秘性を纏いオーラを漂わせる経営の美しさを作り、その美は簡潔である。これは現代の経済理論に完璧にマッチした合理的経営をとにかく長い間続けてきた結果、醸し出された。その強靭な生命力の原動力は、外見的にはシンプルな組織形態と運営方針に求められる。
7、素早く変わることのできない大きな足かせは、経営環境自体を千年企業の生存に適したように作り上げるという、積極的な環境変化の抑制を余儀なくさせた。代々の千年企業の経営者達は、競争市場の状態と自社の長所短所を客観的に的確に把握して経営分析をしつつ、「革新をしないための革新」を常に怠らない重要性を教えてくれる。
8、千年企業は、「変えたくても変えられない、変えようにも変えられない」立場となっている。もし変えればそのために企業寿命が尽きる可能性が限りなく高いシステムである。しかし逆にその伝統的な経営は、悪いどころか企業寿命を延ばし続ける原動力であると我々に伝えている。経営の成功という評価の物差しを空間から時間へと変えれば大きな教訓が得られる。経営について回るジレンマへの対応方法を学ぶことができる。
9、個々について見れば単純で当たり前のことを1000年絶えずに続けること自体が大変であるが、少しずつでも業種、戦略、経営資源、組織形態を適合させて一貫性のあるシステムを築くことは、将来長きにわたって事業を続けるには活かすべきやり方である。千年企業の不断の経営努力は、不運に遭遇する要素を減らし、幸運を呼び、超長寿が得られる可能性を高めることを意味する。

現在の経営学では、超長寿への道は未だ納得のいく説明が確立されていないかも知れない。しかし、実存する千年企業の、局地的限定戦略を採用し、その小さな空間での生き残り方は、中小企業経営に対して多くの示唆を与えよう。

あとがき

本書の出版に際して大変多くの方々にお世話になった。日本語の出版が先となったが、まず最初に共同研究者のインド経営大学院ウダイパー校のE. L. Rose 教授とマサチューセッツ工科大学とヨーク大学のD. E. Westney 名誉教授に深く御礼申し上げたい。

慶應義塾大学経済学部で日本経済思想史を故島崎隆夫名誉教授に、ミシガン大学で国際経営学を G. Dufey, V. Pucik, 故 C. K. Prahalad, A. E. Tschoegl 各教授に教えを請うことができたのは幸いであった。

本書の先駆けとなった千年企業の経営に関する共著論文の学会発表時には、神戸大学の吉原英樹名誉教授をはじめ、いろいろな方々から大変有益なコメントをいただいた。慶應義塾大学の浅川和宏教授には御多忙中にもかかわらず、適切なアドバイスを頂戴した上に、出版にあたって御紹介の労を取っていただいた。このリサーチを早くから高く評価していただいた慧眼に感服し、心より感謝申し上げたい。

調査インタビューに快く応じていただいた当主の方々とともに、7社通算約6000年近い歴史の中では各社わずか数時間だが、千年企業の「経営時空」の一部を共有させていただいたことは誠に光栄であった。

最後に、白桃書房の編集者である平千枝子様には大変お世話になった。深く感謝申し上げたい。

２０２１年10月

伊藤　清彦

参考文献

Batista, L., Ng, I., & Maull, R. (2013) "The Homeostasis Paradox of New Business Models." The 2013 Naples Forum on Service, Italy, 18-21 June. http://www.naplesforumonservice.it/uploads//files/Batista%2C%20Ng%2C%20Maull%281%29.pdf. Accessed on October 2018.

Brown, D. (1989) "Race for Corporate Throne." *Management Review, 78* (November): 22-27.

Burns, T., & Stalker, G. M. (1961) *The Management of Innovation*. London: Tavistock.

Cannon, W. B. (1929) "Organization for Physiological Homeostasis." *Physiological Reviews, IX* (3): 399-431.

Christiansen, C. M., & Raynor, M. E. (2003) *The Innovator's Solution: Creating and Sustaining Successful Growth*. Boston: Harvard Business School Press.

Coase, R. H. (1937) "The Nature of the Firm." *Economica, 38* (149): 1-27.

Collis, D. J., & Montgomery, C. A. (2005) *Corporate Strategy: A Resource-based Approach*, 2nd Ed. New York: McGraw-Hill/Irwin.

DiMaggio, P. J., & Powell, W. W. (1983) "The Iron Cage Revisited: Institutional Isomorphism and Collective Rationality in Organizational Fields." *American Sociological Review, 48* (2): 147-160.

Ito, K. (1995) "Japanese Spinoffs: Unexplored Strategies." *Strategic Management Journal, 16* (6) : 431-446.

Ito, K., & Rose, E. L. (1994) "The Genealogical Structure of Japanese Firms: Parent-Subsidiary Relationships." *Strategic Management Journal, 15* (Summer): 35-51.

Ito, K., & Rose, E. L. (2008) "A Study of Millennium Companies: Local Strategy vs. Global Strategy." The Academy of International Business Annual Meeting and the Association of Japanese Business Studies Annual Meeting in Milan, Italy.

Ito, K., Rose, E. L., & Westney, D. E. (2007) "A Study of Millennium Organizations in Japan." The Association of Japanese Business Studies Annual Meeting in Indianapolis, IN.

Lawrence, P. R., & Lorsch, J. W. (1967) *Organization and Environment.* Boston: Graduate School of Business Administration, Harvard University.

Lieberman, M. B., & Montgomery, D. B. (1988) "First Mover Advantages." *Strategic Management Journal, 9* (Summer) : 41-58.

O'Hara W. T. (2004) *Centuries of Success: Lessons from the World's Most Enduring Family Businesses.* Avon: Adams Media.

Oviatt, B. M., & McDougall, P. P. (1994) "Toward a Theory of International New Ventures." *Journal of International Business Studies, 25* (1): 45-64.

Porter, M. E. (1980) *Competitive Strategy: Techniques for Analyzing Industries and Competitors.* New York: Free Press.

Porter, M. E. (1985) *Competitive Advantage: Creating and Sustaining Superior Performance.* New York: Free Press.

Reeves, M., & Puschel, L. (2015) "Die Another Day: What Leaders Can Do about the Shrinking Life Expectancy of Corporations." December 2, 2015. www.bcg.com/publications/2015/strategy-die-another-day-what-leaders-can-do-about-the-shrinking-life-expetancy-of-corporations.aspx.

Regev, G., Hayard, O., & Wegman, A. (2013) "What We Can Learn about Business Modeling from Homeostasis." *Lecture Notes in Business Information Processing, 142*: 1-15.

伊藤清彦／E・L・ローズ（２０１４）「組織所有構造の時空的考察」『組織科学』48（１）：４-14。

井原西鶴（１６８８）『日本永代蔵』 森田庄太郎、金屋長兵衛、西村梅風軒。

今西錦司（１９７６）『進化とは何か』 講談社学術文庫。

加護野忠男（２００５）「上場しない「長寿企業」が元気な理由」『プレジデント』２００５年2月14日号。http://www.president.co.jp/pre/20050214/001.html. ２００６年2月24日アクセス。

川端道喜（１９９０）『和菓子の京都』岩波新書 １１９。

菅野和太郎（１９２７）『日本商業史』日本評論社。

黒川光博（２００５）『虎屋 和菓子と歩んだ五百年』新潮社。

琴坂将広（２０１６）「経営戦略前史─紀元前からその歴史をたどる」２０１６年12月16日。https://www.dhbr.net/articles/-/4612?page=4. ２０１８年10月アクセス。

金剛利隆（２０１３）『創業１４００年─世界最古の会社に受け継がれる十六の教え』ダイヤモンド社。

竹中靖一・川上雅（１９６５）『日本商業史』ミネルヴァ書房。

帝国データバンク資料館・産業調査部（編）（２００９）『百年続く企業の条件』朝日新聞出版。

デロイトトーマツ（n.d.）「第二会社方式の概要」https://www2.deloitte.com/jp/ja/pages/mergers-and-acquisitions/articles/term-secondary-corporation-20120828.html. ２０２０年5月アクセス。

中井信彦（１９９０）『町人』小学館。

中島隆信（２０１０）『お寺の経済学』筑摩書房。

西岡常一・小原二郎（１９７８）『法隆寺を支えた木』ＮＨＫブックス。

日経ビジネス（編）（１９８９）『会社の寿命─盛者必衰の理』新潮文庫。

船橋晴雄（２００３）『新日本永代蔵─企業永続の法則』日経ＢＰ社。

松岡憲司（編著）（２０１９）『京都から見た、日本の老舗、世界の老舗』新評論。

宮本又次（１９６８）『大阪商人・その土性骨のうつりかわり』中外書房。

横澤利昌（２０１２）『老舗企業の研究─１００年企業に学ぶ革新と創造の連続』生産性出版。

吉田正博（２０１９）『企業永続の法則─地域と結びついた企業は潰れない！』幻冬舎。

■著者紹介

伊藤　清彦（いとう・きよひこ）

ハワイ大学マノア校シャイドラー経営大学院、シャイドラーカレッジ特別栄誉教授・マネジメント学部教授。慶應義塾大学経済学部卒業、デラウエア大学 MBA、ミシガン大学 Ph.D. を取得。ミシガン大学、ニューヨーク大学、ウィスコンシン大学マジソン校ビジネススクールを経て、2001 年より現職。論文は『組織科学』、*Management Science, Strategic Management Journal, Journal of International Business Studies, Management International Review* 等に発表。研究分野は、千年企業の経営、国際経営戦略、多国籍企業経営、日本企業の分社戦略。

■ 千年《せんねん》企業《きぎょう》の経営《けいえい》
経営《けいえい》時空《じくう》モデルによる超老舗《ちょうしにせ》とグローバル企業《きぎょう》の比較《ひかく》

■ 発行日—— 2021 年 11 月 26 日　　初 版 発 行　　〈検印省略〉

■ 著　者——伊藤清彦《いとうきよひこ》

■ 発行者——大矢栄一郎

■ 発行所——株式会社 白桃書房《はくとうしょぼう》
〒 101-0021　東京都千代田区外神田 5-1-15
☎ 03-3836-4781　FAX 03-3836-9370　振替 00100-4-20192
https://www.hakutou.co.jp/

■ 印刷・製本——三和印刷株式会社

ⓒ ITO, Kiyohiko 2021　Printed in Japan　ISBN 978-4-561-26755-3　C3034

本書のコピー、スキャン、デジタル化等の無断複製は著作権法上での例外を除き禁じられています。本書を代行業者等の第三者に依頼してスキャンやデジタル化することは、たとえ個人や家庭内の利用であっても著作権法上認められておりません。

JCOPY ＜出版者著作権管理機構 委託出版物＞
本書の無断複製は著作権法上での例外を除き禁じられています。複製される場合は、そのつど事前に、出版者著作権管理機構（電話 03-5244-5088、FAX03-5244-5089、e-mail: info@jcopy. or. jp）の許諾を得てください。
落丁本・乱丁本はおとりかえいたします。

好 評 書

ファミリービジネス白書【2018 年版】
100 年経営とガバナンス
ファミリービジネス白書企画編集委員会編

学術的な水準を維持しつつ読みやすさにも配慮し、研究者だけでなく、ファミリービジネスの当事者や関係する実務家にも有用な資料やデータ、分析が充実。長寿企業の、企業や社員を牽引する目に見えない力を学べる白書。　**本体価格 3500 円**

ファミリービジネス
知られざる実力と可能性
後藤俊夫編著

ウォルマート、トヨタ、サムスン、ZARA…ファミリービジネスは世界の企業数の約 70%、日本では約 95%を占め、一般企業よりも高業績であることも実証されている。知られざる実力と可能性をもつファミリービジネスの実像に迫る。　**本体価格 2800 円**

ファミリービジネスのイノベーション
玄場公規編著

ファミリービジネスは、創業者一族が経営に深く関与している企業として、近年、その優位性に改めて注目が集まっている。特にイノベーションを起こしやすい、長期的な視点と強いリーダーシップの発揮の実現可能性に触れる。　**本体価格 2315 円**

地域ファミリー企業におけるビジネスシステムの形成と発展
日本の伝統産業における継承と革新
金　泰旭編著

地域経済の担い手として注目される伝統産業の中心はファミリー企業であるが、その伝統産業のポジショニングは守りつつ、経営環境の変化にあわせて事業進化を遂げている革新的な中小企業 4 社のマネジメントを調査分析。　**本体価格 3000 円**

白桃書房
本広告の価格は税抜き価格です。別途消費税がかかります。

好 評 書

事業承継のジレンマ

後継者の制約と自律のマネジメント

落合康裕著

長寿企業が世界最多と言われている日本。特にその多くを占めるファミリービジネスにおいて、かねてより大きな課題となる事業承継の際の企業変革と後継者育成のダイナミズムを、4社の老舗企業の事例により追究。

本体価格 3200 円

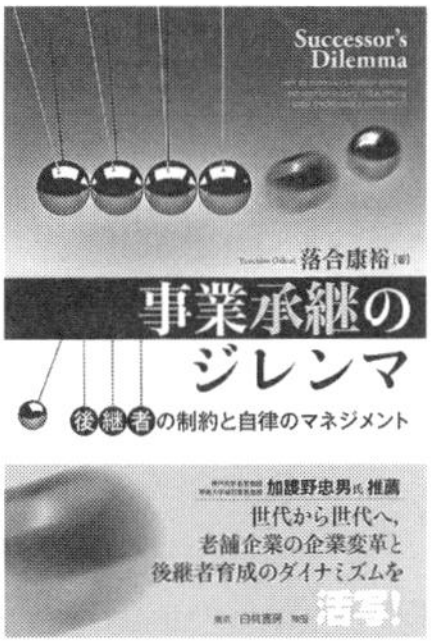

事業承継の経営学

企業はいかに後継者を育成するか

落合康裕著

経営者の交代、事業承継は、企業サイズに関わりなく企業経営に大きな影響を与える重要案件である。本書は、長い歴史を持つ老舗企業の叡智を、経営学の知見を踏まえて7つのテーマでわかりやすく解説。事業承継の基本が学べる1冊である。

本体価格 2273 円

小売商業の事業継承

日韓比較でみる商人家族

柳　到亨著

ライフスタイルの変化の影響で閑散とする日本の商店街。一方で「後継者難」という悩み自体存在しない韓国の市場の商店主たち。日韓アンケート調査から「後継者」に対する認識の違いによる、家族意識と家業の関係性をあきらかにする。

本体価格 3300 円

白桃書房

本広告の価格は税抜き価格です。別途消費税がかかります。

好 評 書

DX 戦略立案書

CC-DIV フレームワークでつかむデジタル経営変革の考え方

D.L. ロジャース著　笠原英一訳

組織は、顧客・競争・データ・革新・価値の５領域で、これまでとは異なる思考が求められている！ 本書により読者は、DX は戦略であると理解し、かつての諸前提を越えた行動を起こし、新たな価値創造へと向かうだろう。

本体価格 4200 円

北欧学派のマーケティング研究

市場を超えたサービス関係によるアプローチ

村松潤一・大藪　亮編著

サービスをモノとして捉える米国のマーケティングに対して、サービスをプロセスと捉える北欧学派アプローチの先行研究をレビューし、事例を用いて検証。さらにはその課題や日本における研究の今後を展望する。

本体価格 3182 円

キャリアを超えて

ワーキング心理学

働くことへの心理学的アプローチ

D.L. ブルスティン編著　渡辺三枝子監訳

ワーキング心理学に関して、その基礎から公共政策に至るまでの幅広い５つの大きなテーマを取り上げまとめたハンドブック。キャリアカウンセラーや実務家、産業心理学や経営学などの研究者、さらには政策立案者まで幅広く読まれるべき書。

本体価格 6400 円

白桃書房

本広告の価格は税抜き価格です。別途消費税がかかります。